번역 이지예 Ji Ae Rhee

민족사관고등학교 졸업 후 미국 윌리엄스 대학(Williams College)에서 영문학을 전공, 캐나다 토론토 대학 사범대(OISE)에 재학 중이다. 『99 Wisdom Stories』(Epub International)와 『지예의 영어일기』(YBM 시사)의 저자이며 『막시무스의 지구에서 영어로 유쾌하게 사는 법』(뉴런), 『편견』, 『농담』, 『변명』(이른아침)의 공동 저자이다.

T. 오코너

Patricia T. O'Conner

better writing

NEWRUN

Preface

to the Third Edition

*

사람들은 책이 한번 써진다면 써진 그대로 남으리라 생각할 것이다. 대부분의 책들은 그렇다. 출판된 지 한참이 지난 『보바리 부인』이 책장에서 안달하다가, 엠마가 전당포에 수저를 잡히는 장면을 다시 써야겠다고 플로베르에게 힌트를 줄 수는 없다. 그렇게 대부분의 책들은 처음 쓰여진 대로 남는 것에 만족하며, 그 책을 쓴 작가는 그걸로 할 일을 다 끝냈다고 생각한다.

하지만 언어에 대한 책들은 다르다. 계속 유익하게 읽히고 싶다면, 언어와 언어사용자들과 함께 발전하고 변화해야 한다. 한 번도 현재의 상태에 만족해 본 적이 없는 언어인 영어에 대한 책들은 특히 그렇다.

『better writing(원제: Woe is I)』이 처음 출판되었을 때, 영어는 세계적 언어가 되어 가는 중이었다. 13년이 지난 지금, 영어는 세계 공용어가 되었다. 영어는 비즈니스, 문화, 과학, 정치, 기술, 의학, 그리고 특히 인터넷에서 세계어가 되었다. 전 세계적으로, 소통이란 영어로 소통하는 것을 의미하며 그중에서도 인터넷을 통한 소통을 의미할 것이다.

『better writing(원제: Woe is I)』 3판의 독자가 된 것을 환영한다. 3판에서는 몇 가지 변화가 생겼다. 한 장(chapter)을 생략했고, 두 장을 추가했으며, 무엇이 '더 나은 영어'이고 무엇이 그렇지 않은 것인지에 대해 새로운 관점을 제시했다.

이전 판이 나온 때는 이메일이 폭발적인 인기를 얻으며 컴퓨터 시대의 언어에 대한 온갖 질문들이 쏟아져 나오던 시기였다. 그래서 사이버세계의 황무지에서 독자들이 길을 잃지 않도록 이메일과 그 밖의 온라인 글쓰기에 관한 장을 더했는데, 거기에는 스팸, 전달, 예의, 기술적 대화 등에 대한 조언도 담겨 있었다. 하지만 요즘에는 내가 쓴 책을 포함해서 이 주제에 대한 책들이 많기 때문에, 이 책에 별도의 장을 둘 필요가 없어졌다. 온라인상의 글쓰기는 대개 편하고 비공식적이지만, 이메일에서건 편지에서건 에세이에서건 책에서건 좋은 영어는 여전히 좋은 영어다.

이 책이 처음 나온 후로 몇 년간, 나는 맞춤법과 발음에 관해 이메일과 편지를 수백 통이나 받았다. 그래서 맞춤법과 발음에 관해서도 별도의 장을 마련하여 설명하기로 했다.

이 책은 처음부터 끝까지 개정되었지만, 그렇다고 해서 문법적인 표준이 혁신적으로 바뀌었다는 것은 아니다. 문법규칙이 매일 혹은 매 세대마다 새로워지지는 않기 때문이다. 영어가 변화무쌍해 보이는 것은 영어의 문법 때문이라기보다는 단어들의 쓰임새 때문이다.

이 책의 철학 역시 변하지 않았다. 영어는 무한한 표현의 가능성을 제공해 주는 대단한 발명품이다. 영어의 문법은 모호함을 없애고 오해를 방지하는 데 도움을 준다. 어떤 문법 '규칙'이 소통을 방해하거나 말이 되지 않거나 오히려 문제를 만들어 낸다면, 그 '규칙'은 전혀 '규칙'이 아닐 가능성이 높다.(챕터11을 참고하라.)

그리고 문법이 지나치게 '올바른' 경우도 있다. 즉 이론적 올바름에 집착해서 도를 넘는 수준까지 갈 수도 있다는 것이다. '슬프도다(Woe is I)'가 문법적으로는 정확해 보여도(이 또한 의견이 분분하지만) 'Woe is me'라는 탄식 역시 오랫동안 좋은 영어로 받아들여져 왔다. 거만한 척하는 재담가나 뭔가를 특별히 표현하려는 작가만이 여기서 me 대신 I를 쓸 것이다. 이처럼 영어는 무척 융통성 있는 언어다.

1판에 이름이 언급되었던 많은 훌륭한 분들이 2판과 3판에도 귀한 도움을 주었다. 특히 에이전트인 댄 그린과 오랜 친구 찰스 도허티, 팀 사코, 메릴 펄만에게 많은 신세를 졌다. 또한 댄 제이콥과 여러 독자들

– 스티븐 아헌 크롤, 데이빗 A. 볼, 브라이언 블랭크, 론 블릭, 제이슨 W. 브링크, 리즈 코플란드, 돈 코르켄 주니어, 로버트 H. 디에릭, 스티브 피셔, 에릭 플루거, 빅토르 칼 프레젠, 메리 로라 깁스, 카텔린 기포드, 데이빗 호킨스, 체릴 린 헬름, 헌트 B. 존스, 아니타 컨, 앤 J. 커슈너, 질리아 L. 라쥬, 루스 M. 멕베이, 에드 피어슨, 제시카 라이미, 루이 G. 로빈슨, 제임스 스미스 루돌프, 제니퍼 슈워츠, 스캇 썸머빌 – 도 더 나은 책을 만들도록 도움을 줬다.

마지막으로 재능 있는 편집자이자 작가인 제이크 모리세이, 대단히 꼼꼼한 교열 담당자 안나 자르딘, 그리고 리버헤드 출판사의 모든 직원들에게도 3판이 나오기까지 애써줘서 감사하다는 말을 전하고 싶다.

Acknowledgments

*

수많은 친구들과 동료들이 아이디어를 주고, 누락된 것을 지적하고, 나의 실수를 놀림으로써, 이 책을 쓰는 데 도움을 주었다. 그들의 공격적인 충동을 사회에 유익한 방법으로 해소할 기회를 내가 마련해준 것이 기쁠 뿐이다. 그들의 참을성과 유머 감각이 내 수준에는 못 미쳤지만, 진심으로 감사한다.

원고를 읽어 준 로리 아씨오, 데이빗 펠드만, 마가릿 폭스, 엘리자베스 프렌치맨, 아니타 게이츠, 닐 존스턴, 마르고 존스턴, 개리스 존스턴, 디미 카라스, 피터 킵뉴스, 데이빗 켈리, 이덴 로스 립슨, 데보라 네이, 앨런 M. 시걸, 레이첼 엘킨드 투르, 글로리아 가드너 얼번, 엘리자베스 바이스에게 특히 고마운 마음을 전하며, 나의 어머니 베벌리 J. 뉴먼께도 감사드린다.

마이클 앤더슨, 마이클 바슨, 알리다 베커, 브랜다 버크만, 찰스 도허티, 톰 페렐, 켄 고던, 파멜라 켈러맨, 래리 켈러맨, 하비 클라인맨, 찰스 맥그라스, 메릴 펄만, 팀 사코, 마이클 스니픈, 카틀린 스트레인저, 입스 투르, 마릴린 K. 이, 알린 영맨, 여동생 캐시 리처드, 나의 해박한 시아버지 알렌 G. 켈러맨, 열성적인 에이전트 댄 그린, 그리고 푸트남 출판사의 케이트 머피와 안나 자르딘에게도 고마움을 표하고 싶다.

샘 프리드먼은 시간과 충고를 아끼지 않았으며, 리포터, 작가, 교사로서 얻은 귀중한 지식, 특히 '잘못 놓인 수식어'에 대해 큰 도움을 주었다. 윌리엄 사파이어는 친절하게도 제프 맥퀘인을 소개해 주었는데, 그는 오류를 찾기 위해 내 원고를 샅샅이 뒤졌다. 그러므로 어리석은 실수가 있다면 전적으로 내 탓이다. 그리고 처음 이 책의 아이디어를 낸 유능한 편집자 제인 이세이가 없었다면 이 책은 나오지 못했을 것이다.

마지막으로 결혼 생활뿐 아니라, 동사 활용에서도 도움을 준 남편 스튜어트 켈러맨에게 진심으로 감사한다. 그는 내가 책을 쓰는 것을 돕기 위해 자신의 집필 계획을 여러 번 미뤘다. 그는 나의 가장 좋은 친구이자, 내가 아는 한 최고의 편집자이다.

Introduction

*

우리는 모두 언어를 사용하기 위한 회로를 달고 태어난다. 언어가 무엇인지 알 때쯤 우리는 이미 그것을 터득한 상태다. 걸음마를 떼는 아이들은 언어에 대해 생각하지 않고 그저 말을 한다. 문법은 언어 사용자들이 모두 동의할 수 있는, 말의 사용법에 대한 끊임없이 진화하는 규칙들이다. 그리고 사실 우리는 말을 먼저 배우고 나서 문법을 익히게 된다. 그렇지만 문법 규칙들은 왔다가 사라진다. 현대 영어는 100년 전의 영어와 같지 않으며, 100년 후의 영어와도 다를 것이다. 우리는 규칙이 필요하면 만들어냈다가 필요하지 않으면 버린다. 그렇다면 도대체 언제 규칙이 필요한 것일까? 그것은 바로 우리들의 언어 회로가 엉켜 서로를 이해하는 데 실패할 때이다.

물론 언어가 완벽하다면 이런 일은 일어나지 않을 것이다. 그렇지만 완벽한 언어는 아직 발명되지 않았다. 아니, 취소하겠다. 완벽한 언어는 이미 만들어졌다. '세계 공용어'인 에스페란토와 컴퓨터로 제작된 엘리자(Eliza)처럼 논리적이고, 이성적이고, 합리적이고, 말하고 쓰기 편하게 설계된, 이른바 '합리적' 언어들이 존재한다. 하지만 보라! 그것들은 팬케이크처럼 특색 없는 언어들이다. 그런 언어들에는 자연 언어를 짜증나게 만들고 찔리는 구석이 있게 만들고 또한 감탄스럽게 만드는, 변덕스러움과 애매모호함과 들쑥날쑥한 불규칙함이 없다. 자연 언어는 문자 그대로 경이롭다. 거기에는 불가사의함과 놀라움과 시와 예상치 못한 매력이 있다. 영어가 그처럼 유연하고 예측 불가능한 것이 아니었다면, 루이스 캐롤(Lewis Carroll)이나 닥터 수스(Dr Suess)나 막스 브라더스(Marx Brothers)가 존재하지 않았을 것이다. '똑똑'으로 시작하는 농담(knock-knock joke)을 라틴어로 한다고 상상해 보라!

그렇지만 우리는 시에 대한 대가를 치른다. 영어는 결코 쉬운 언어가 아니다. 그것은 1,500년 전에 주로 앵글족과 색슨족으로 이루어진 게르만족이, 이미 라틴어를 사용하는 로마인들에 의해 식민지가 되어 켈트어를 사용하던 영국을 침략했을 때 시작되었다.
이 앵글로색슨이라는 국물 속에 프랑스어, 이탈리아어, 스페인어, 독일어, 덴마크어, 포르투갈어, 네덜란드어, 그리스어, 그리고 라틴어가 추가된 것이다. 그리고 몇백 년 후에 영어는 보기 드물게 다채로운 스튜가 되었다. 오늘날 영어는 주요 유럽어 중에서 가장 어휘가 많은 것으로 알려져 있으며, 계속 더 진화하며 방대해지고 있다. 규칙이 좀 엉망이 되었다고 해도 이상할 것이 없는 것 아닌가!

그리고 현실을 직시하자. 영어는 실제로 엉망이다. 똑똑하고, 고등교육을 받고, 전문 지식이 있어서 발가락으로도 슈퍼컴퓨터의 프로그램을 짤 수 있는 사람들이 다음과 같은 문장을 말하거나 쓰기도 한다.

> "Come to lunch with the boss and I."
> "Somebody forgot their umbrella."
> "Already housebroken, the Queen brought home a new corgi."
> (역주: 이 문장들에 대한 설명은 뒤에 나오므로 여기에서는 생략함)

이 문장들은 저마다 어처구니없는 실수를 안고 있다.(만일 그 실수들이 보이지 않는다면 챕터1과 챕터9를 보라.)

어떤 실수들은 너무 자주 벌어져서 이제는 그것이 올바른 것처럼 들릴 정도이다. 반면 예전에 오류라고 했던 것들이 이제는 받아들여지거나 심지어 선호되기도 한다. 이런 일들을 도대체 어떻게 받아들여야 할까?

『better writing』은 한 번도 문장을 문법적으로 해부해 본 적이 없고, 앞으로도 그렇게 하지 않을 지적인 사람들을 위한 생존 지침서이다.

대부분의 사람들이 gerund(동명사)와 gerbil(모래쥐)를 구별하지 못하고 관심조차 없으면서도, 다 아는 것처럼 말을 하고 글을 쓰고 싶어한다. 문법은 모든 사람에게 다양한 방식으로 어렵다. 아주 똑똑한 사람도 대명사를 잘못 쓰고, 아주 유능한 사람임에도 맞춤법이 엉망인 사람을 본 적도 있다. it's와 its의 차이를 모르는 사람도 많고, 어떤 사람들은 따옴표 쓰는 것을 피하기 위해 무리수를 두기도 한다. 당신의 약점이 무엇이건 간에, 이 책은 문법용어를 마구 들이대지 않으면서 도움을 줄 수 있다. 힘을 쓸 일도, 조립을 해야 할 일도 없다. 이 책에는 일상 언어에서 가장 문제가 되는 것들을 별도로 다룬 장이 있으며, 그런 문제들을 피하기 위한 상식적인 팁도 있다. 대부분의 사람들은 뱀파이어가 마늘을 피하듯 문법용어를 피한다는 것을 잘 알기 때문에 되도록 그런 전문용어를 쓰지 않으려 했다. 영어를 잘 쓰기 위해 그런 것들이 꼭 필요한 것은 아니다. 이해하기 어려운 용어가 나온다면, 책 뒤의 용어사전을 참고하면 된다.

당신이 이 책을 본격적으로 읽기 전에, 마지막으로 한 가지 일러둘 말이 있다. 사전은 필수품이며 누구나 하나쯤은 갖고 있어야 한다. 그렇지만 어떤 단어가 사전에 나온다고 해서 그것을 곧이곧대로 받아들여야 하는 건 아니다. 사전은 단어들이 특정한 때 어떻게 사용되는지를 설명할 뿐이다. 공식적이고 표준적인 뜻도 나와 있지만, 구어, 속어, 방언, 사투리, 비표준적 의미, 그리고 그 밖의 다른 일상적 뜻도 나와 있다. 예를 들어 사전은 'restauranteur'나 'irregardless'와 같은 사이비 단어들의 뜻을 알려줄지도 모르지만, 그런 단어들을 사용해서 망신을 당할 필요는 없다. 믿을 만한 사전을 사거나 온라인 사전을 찾아(참고도서 목록에 추천 도서들이 있다.), 작은 글씨까지 꼼꼼히 읽으라.

아주 뛰어난 사람들도 영어의 복잡한 사용법 때문에 짜증을 낼 때가 있다. 하지만 분명한 것은 노력한 만큼 얻는 것이 있다는 것이다. 우리가 모두 라틴어를 쓴다면 사는 게 더 편할지도 모른다. 그렇지만 유별나고 놀랍고 변화무쌍한 영어의 특성이야말로 바로 죽은 언어와 살아 있는 언어의 차이인 것이다.

contents

*

chapter

1

I와 My와 Me

대명사 불안증 치료법

Therapy for Pronoun Anxiety

chapter

1

아주 짧은 단어가 지독한 두통을 일으킨다면, 그 단어는 아마도 대명사일 것이다.

대명사는 I, me, he, she, it을 통해 볼 수 있듯이 대개 짧다. 그렇지만 언어상으로 본다면 가장 문제를 많이 일으킨다. 대명사 경찰에게 체포된 적이 있다고 해도 절망하지 말라. 당신에게는 친절한 안내자가 있으니까. 오필리아(역주: 햄릿의 연인으로, 그의 냉담함에 "슬프도다!"라고 외치며 물에 빠져 죽고 만다.)가 'Woe is me!'라고 외친 지 수백 년이 지났다. 이제는 문법에 집착하는 사람이 아니면 셰익스피어가 'Woe is I!' 혹은 'Woe is unto me!'라고 써야 했다고 따질 사람은 없을 것이다. (사실 셰익스피어가 살았던 시절에는 문법 규칙의 틀이 제대로 잡혀 있지도 않았다.) 요지는 그 누구도 대명사 사용법에 자신감을 가질 수 없다는 것이다.

간단히 말하자면 대명사는 명사의 대역이다. 남자 이름 랠프는 he, 여자 이름 앨리스는 she, 크램든 씨 가족은 they, 박제된 피라냐는 it이 대신할 수 있다. 그런데 대명사는 왜 필요한 걸까? 다음 문장을 살펴보자.

Ralph smuggled **his** stuffed piranha into the Kramdens' apartment, sneaked **it** out of **his** jacket, and was slipping **it** into **his** wife's curio cabinet, when suddenly Alice walked into **their** living room, clutched **her** heart, and screamed, "**You** get **that** out of **my** house!"

대명사가 발명되지 않았다면 위 문장은 아마 이렇게 쓰였을 것이다.

Ralph smuggled Ralph's stuffed piranha into the Kramdens' apartment, sneaked the stuffed piranha out of Ralph's jacket, and was slipping the stuffed pirasnha into Ralph's wife's curio cabinet, when suddenly Alice walked into the Kramdens' living room, clutched Alice's heart, and screamed, "Ralph, get the stuffed piranha out of Alice's house!"

대명사가 얼마나 많은 시간을 절약해 주는지 알겠는가?

Ralph's 대신 his를 쓰는 것 같은 단순한 대체는 쉽다. 그렇지만 훌륭한 대역들이 그렇듯, 대명사 역시 문장에서 어떤 역할을 하느냐에 따라 다양하게 변신한다. 어떤 대명사는 분장을 너무 잘해서 다른 단어와 분간이 잘 되지 않는다. that과 which, it's와 its, who's와 whose, you're와 your, who와 whom, everybody와 nobody, their와 they're, theirs처럼 말이다.

그러면 이제 대명사들의 숨겨진 특성들과 자주 받는 의심들을 정리해보자.

WITCH 재판: THAT일까, WHICH일까?

다음 두 문장을 생각해 보자.

Nobody likes a dog **that** bites.
Nobody likes a dog **which** bites.

둘 다 맞는 것처럼 보인다면 당신은 which에게 속은 것이다. 옳은 건 첫 번째 문장이다. that과 which 중 하나를 골라야 하는 오래된 문제는 언젠가는 부딪치게 되어 있다. 절, 그러니까 주어와 동사가 들어간 단어 집단을 that으로 시작해야 할지 which로 시작해야 할지를 정하는 데는 두 가지 규칙이 있다.

> 절을 빼고도 문장의 요지가 변하지 않는다면 which를 쓰고, 요지가 변한다면 that을 쓰라.
> which 절은 콤마(,) 사이에 놓일 수 있지만, that 절은 그렇게 놓이지 않는다.

이제 이 두 가지 규칙을 적용해 보자. 다음 두 문장을 보라.

Buster's bulldog, **which** had one white ear, won best in show.
The dog **that** won best in show was Buster's bulldog.

각 문장의 요지는 Buster의 개가 상을 탔다는 것이다. 그렇다면 that 절이나 which 절을 없애면 어떤 일이 일어날까? 첫 예문에서는 **which** had one white ear라는 which절을 생략할 수 있다. 그 절이 없어도 문장의 핵심적인 내용인 Buster's bulldog won best in show.는 여전히 남아 있기 때문이다. 그러나 두 번째 예문에서 **that** won best in show라는 that절은 필수적이다. 그 절을 뺀 The dog was Buster's bulldog.에서는 Buster의 개가 상을 탔다는 핵심적 사실이 빠져 있기 때문이다.

어떤 이들은 which가 that보다 더 고상하고 세련된 표현이라고 생각하는데, 절대 그렇지 않다. 실제로는 that이 which보다 문법적으로 옳을 가능성이 더 높다. 대부분의 사람들은, 특히 말을 할 때는, 필수적인 정보를 문장 중간에 끼워 넣지 않기 때문이다.

다음과 같이 기억하면 도움이 된다.

> 콤마 상식
> 콤마는 군더더기를 잘라내는데
> which와 쓰이고, that과는 절대 쓰이지 않는다.
> COMMA SENSE
> Commas, which cut out the fat,
> Go with which, never with that.

작은 문제: IT'S일까, ITS일까?

단어는 짧을수록 유용하다. 그 중에서도 it은 제일 유용하다. it은 박제된 피라냐, 실존주의, 먼로주의, 버터를 발라 구운 토스트 등 무엇이든 나타낼 수 있다. it은 굉장한 다용도 대명사다!(It's a very versatile pronoun!) 괄호 안 문장의 it's를 보았는가? s와 합해서 it's라고 썼는데, its라고 써야 하는 게 아닐까? 도대체 언제 it's를 쓰고, 언제 its를 쓰는 걸까?

이것은 아주 똑똑한 사람들도 실수를 하는 작은 문제다. 그들이 실수를 하는 이유는 단어에 's가 붙으면 Bertie's aunt처럼 소유격일 것이라고 지레짐작하기 때문이다. 그러나 아포스트로피(')는 can't나 shouldn't처럼 두 단어가 결합하면서 생략된 글자 대신 들어갈 수도 있다. 위의 경우, it's는 it is의 줄임말이다. its라고만 쓴다면 소유격이 된다. 따라서 우리가 알아야 할 규칙은 한 가지뿐이다.

> it is를 대신 넣을 수 있다면 it's를 사용하라.

NOTE it's는 it has의 줄임말일 수도 있다. its와 it's에 대해서는 소유격에 관해 설명한 65~66쪽에 더 나온다.

WHO'S일까, WHOSE일까?

이것은 바로 전에 나왔던 it's와 its 문제의 친척뻘이다. 앞부분을 제대로 읽지 않았다면 다시 읽으라. it's와 its의 경우처럼 who's는 who is의 줄임말이며, 줄임말이 아닌 whose는 소유격이다.

> who is로 대체할 수 있다면 who's를 쓰라.

NOTE who's 역시 who has의 줄임말일 수도 있다. whose와 who's에 대해서는 소유격에 관해 설명한 66~67쪽에 더 나온다.

YOU'RE일까, YOUR일까?

어떤 호텔은 입구에 "Your our kind of people."이라는 문구가 쓰여 있다. 이런! 금방 따라 배우는 어린이들이 그걸 보면 안 될 텐데. 이 문장은 "You're our kind of people."로 고쳐야 한다. you're는 you are의 줄임말이며, your는 소유격이다.

> you are로 대체될 수 있다면 you're를 쓰라.

아아, 가여운 WHOM이여!

whom은 참 불쌍한 단어다. 웹스터(Noah Webster)부터 바준(Jacques Barzun)까지 단어의 대가들은 오래 전부터 whom을 버리고 who만 쓰자고 제안했다. 나쁜 생각은 아니다. 대중들이 분개해서 "쓸데없이 간섭하지 말고 대명사들을 내버려두라!"고 외치며 시위할 일은 없을 것이다. 일상생활에서 whom은 사실상 무용지물이 됐으니 말이다.

그래서 whom은 공식적으로 사망선고를 받았을까?
그런 건 아니다. 새 천년을 맞은 지가 한참이나 되었는데, 늙어빠진 whom은 예상을 뒤엎고 여전히 우리 곁에 있다. 물론 28쪽에서 볼 수 있듯이, 조금 어색하더라도 약간만 조심하면 whom을 쓰지 않고 말하는 것이 가능하다. 그렇지만 글을 쓸 때는 말을 할 때보다 격식을 차리기 때문에, 글을 제대로 쓰려면 whom을 정확하게 알아야 한다.

완벽하게 글을 쓰고 싶다면, who는 주어로서 he처럼 뭔가를 행하는 주체이고, whom은 목적어로서 him처럼 뭔가를 당하는 객체라는 사실을 명심해야 한다. 머릿속으로 who 대신 he, whom 대신 him을 넣어 보며 비교해도 좋다. him이 알맞다면 역시 m으로 끝나는 whom을 넣고, he가 알맞다면 똑같이 모음으로 끝나는 who를 넣는 것이다. who는 to, at, by, for, from, in, toward, upon, with 등을 통해 whom에게 무엇인가를 하는 것이다. 바로 앞 문장에서 나열된 단어들은 전치사이다. 전치사는 다른 단어들의 위치를 잡아주는 역할을 한다. 전치사는 whom 바로 앞에 오는 경우가 많지만 항상 그런 것은 아니다. who를 쓸 것인지 whom을 쓸 것인지를 결정하는 더 좋은 방법은 who가 whom에게 무엇을 하고 있는지를 자문해 보는 것이다.

추리력이 다소 필요할 수도 있다. 미스 마플(Miss Marple, 역주: 애거사 크리스티의 추리소설에 자주 등장하는 명탐정)조차도 복잡하게 꼬여 있는 who 절이나 whom절 앞에서는 고개를 갸우뚱할 것이다. (절은 앞에서 설명했듯이, 주어와 동사가 포함된 단어들의 집단이다.) 예를 들면 주어와 동사 사이에 다른 단어들이 끼어들 수도 있고, 목적어가 주어와 동사의 앞에 올 수도 있기 때문에 복잡해지는 것이다. 하지만 두 가지 요령만 알면 이런 난관을 헤쳐 나갈 수 있다.

> 최대한 단순하게 만들라. 절을 단순화시켜 절의 기본이 되는 주어, 동사, 목적어만 남겨보라.
> 주어와 목적어를 쉽게 알아볼 수 있도록 머릿속에서 단어들의 순서를 바꿔보라.

Nathan invited only guys [**who/whom**] he thought played for high stakes.

이 문장의 '가짜 실마리들', 즉 주어와 동사를 갈라놓는 단어들을 지우고 나면 남는 것은 **who** ... played for high stakes이다. who는 무엇인가를 하는, 즉 큰돈을 걸고 게임을 하는 주체이므로 여기에서는 주어가 된다.

Nathan wouldn't tell Miss Adelaide [**who/whom**] he invited to his crap game.

이 문장을 기본적인 절로 간추려 보면, [who/whom] he invited만 남는다. 아직도 모르겠다면 머릿속에서 단어들을 다시 배열해 보자. He invited **whom**. 그가 누군가인 whom을 초대한 것이다. 절에서 동사와 주어보다 앞에 나오지만, whom은 목적어다.

NOTE 전치사 뒤에 항상 whom이 오는 것은 아니다. 전치사 뒤에 who로 시작하는 절이 올 수도 있다. 다음 문장을 보라. After the crap game, Nathan was confused about [**who/whom**] owed him money. 전치사인 about 때문에 실수를 할 수도 있다. 그렇지만 about은 추리를 방해하는 '가짜 실마리들' 중 하나다. 이번에도 최대한 간단하게 만들어서 절을 찾으라. 이 경우에는 **who** owed him money가 된다. who가 뭔가를 했으므로(그에게 빚을 졌으므로) who는 주어가 된다.

>> WHO일까, THAT일까?

다음 중 올바른 것을 고르시오.

The girl **that** married dear old Dad.

The girl **who** married dear old Dad.

둘 다 괜찮게 들린다면, 그건 둘 다 문제가 없기 때문이다. 사람은 that이나 who로 지칭될 수 있다. 그렇지만 물건은 항상

that이어야 한다.

그렇다면 벤지(Benji, 역주: 영화의 주인공으로 나왔던 떠돌이 개)와 모리스(Morris, 역주: 유명한 사료 회사의 마스코트 고양이)는 어떨까? 개나 고양이는 사람이 아니지만 그렇다고 물건도 아니다. 동물은 that인가, who인가? 동물의 이름이 나오지 않으면 that이다. There's the dog **that** won the Frisbee competition.

동물의 이름이 나오면 그 동물은 who 또는 that으로 지칭할 수 있다. Morris is a cat **who** knows what he likes.

that과 who에 대해서는 304쪽도 참고하라.

목적어 수업

ME 세대

요즘에는 It is I.라고 말하면 너무 격식을 차리는 것처럼 들릴 수 있다. 그러나 과거에는 오히려, It is I. 대신 It's me.라고 말했다면 지적을 받았을 것이다. 무엇 때문일까? 그 당시에는 교사들이 be동사 뒤에 오는 대명사는 주어(I, he, she, they) 역할을 해야지, 목적어(me, him, her, them) 역할을 하면 안 된다고 가르쳤던 것이다.

그렇지만 언어는 살아 있는 생물처럼 계속 진화하기에, It is I.는 이제 멸종된 문장이라고 봐도 된다. 최고의 격식을 차린 글을 예외로 한다면, 가장 깐깐한 문법학자들조차도 It's me.를 받아들인다.

대부분의 사람들이 과거의 용법을 어색하다고 생각하지만, 지금도

나는 누군가가 전화에서 나를 찾으면 “This is she.(본인입니다.)”라고 대답한다. 오래된 습관이 오래된 규칙보다 오래가는 모양이다.

만약 경찰서에서 용의자를 지목할 일이 생긴다면, 자신 있게 가리키며 “That’s him, officer!”라고 말하자. 이 부분에 대해 좀 더 알고 싶다면 303쪽을 참고하라.

>> WHOM 공포증의 치료법

좋은 정보가 있다. 대화를 할 때나 격식이 필요 없는 사적인 편지나 메모를 쓸 때는, 대부분 whom 대신 who를 써도 된다는 것이다. 물론 항상 whom 대신 who를 쓸 수 있는 것은 아니다. 최고의 격식을 갖춰야 하는 경우라면 whom을 제대로 써야 한다. 그러나 특히 문장이나 절을 시작할 때는 who를 쓰는 것이 덜 딱딱해 보인다. 예를 들어보자. **Who**’s the letter from? Did I tell you **who** I saw at the movies? **Who** are you waiting to see? No matter **who** you invite, someone will be left out. 주의할 점은 전치사 바로 뒤에 whom 대신 who를 넣는 경우, 거슬리는 느낌의 문장이 나올 수도 있다는 것이다. 이를 피하려면 who를 앞쪽으로 끌어내면 된다. From whom?이라는 문장이라면 Who from?이라고 바꾸라. 만약 동료가 카리브 해 유람선을 타러 간다고 한다면, “Who with?”라고 물으라. 그러면 동료는 당신에게 오지랖이 넓다고 핀잔을 줄지언정 문법에 토를 다는 일은 없을 것이다. 304쪽도 참고하라.

왜 You'll be hearing **from I**. 같은 실수를 저지르는 사람은 없을까? 전치사 뒤에 하나의 대명사만이 오면 사람들은 from **me**와 같이 본능적으로 제대로 된 형태를 사용하게 된다. 그렇지만 대명사가 둘 이상이면 그런 본능은 사라지고 문법 역시 헷갈린다. 그래서 against I라고 말하는 사람은 없는데도, The odds were **against you and I**. 같은 한심한 문장이 나오는 것이다.

I와 me 문제의 시발점은 아주 어린 시절로 거슬러 올라간다. 우리는 "I want a cookie."라고 말해야지 절대 "Me want a cookie."라고 말하면 안 된다고 혼나면서 자랐다. 그래서 왠지 I가 me보다 공손하다고 무의식중에 착각하게 되며, 전치사 뒤에서처럼 me가 맞는 때조차 I가 맞다고 생각하게 된다. 틀리지 않으려고 너무 애쓰다가 결국 틀리게 되는 것이다. 이처럼 도를 넘어선 신중함은 참사를 불러온다!

아마도 이런 실수를 하는 사람들은 대부분 I와 me의 차이를 몰라서라기보다는 습관적으로 그럴 것이다. 만약 전치사 뒤에 you and I를 자동적으로 넣는 사람이라면 이렇게 해보라. 머릿속에서 다른 대명사는 지워 버리고, 골치가 아픈 I나 me만을 남기라. 그렇게 하면 I인지 me인지가 분명해질 것이다.

NOTE 그런데 많은 이들이 나에게 "잠깐!"이라고 외치는 것 같다. 셰익스피어도 『베니스의 상인』에서 I를 전치사 뒤에 넣지 않았던가? 안토니오(Antonio)가 바사니오(Bassanio)에게 "All debts are clear'd between you and I, if I might but see you at my death.(자네가 나의 임종 때 와주기만 한다면 우리 사이의 모든 빚은 청산된 거네.)"라고 말했을 때 말이다. 사실이다. 하지만 우리는 셰익스피어가 아니다.

I에는 뭔가 특별한 것이 있다

아주 똑똑한 사람들 중에도 대명사 앞에 than을 쓰기를 꺼리는 사람이 있다. 그 다음에 I와 me, he와 him, she와 her, they와 them 중 무엇을 써야 할지 고민이 되기 때문이다.

사실 앞에서 말한 것들을 다 쓸 수 있다. 생각보다 쉽지 않은가? 자기중심적일 수밖에 없는 우리가 가장 자주 쓰는 I와 me를 예로 들어 보자. 문장의 의미에 따라 than 뒤에는 둘 중 어느 것이라도 올 수 있다.

> Trixie loves spaghetti **more than I**.라고 쓴다면 **more than I do**라는 뜻이다. 즉 '내가 스파게티를 좋아하는 것보다 Trixie가 스파게티를 더 좋아한다.'는 뜻이다.

> Trixie loves spaghetti **more than me**.라고 쓴다면 **more than she loves me**라는 뜻이다. 즉 'Trixie는 나를 좋아하는 것보다 스파게티를 더 좋아한다.'는 뜻이다.

만약 문장을 마무리 짓는 데 than I, than she 혹은 than they가 어색해 보인다면, 생략된 생각을 덧붙여 쓰면 된다. 그러니까 Trixie love spaghetti **more than I do**.라고 쓰면 되는 것이다.

NOTE 이렇게 가끔은 I나 me 때문에 의미상의 변화가 오기도 한다. 그렇지만 오해의 여지가 없는 일상적인 상황에서나 격식이 필요 없는 글에서는 me를 써도 큰 문제가 되지 않는다. Trixie's fatter **than me**.처럼 말이다. 하지만 까다로운 이들은 이의를 제기할지도 모른다는 걸 알아두라. (than과 then의 차이를 보려면 158~159쪽을 보라.)

이기적인 SELF의 죄

I와 me가 경합을 벌일 때, 뜻밖에 myself가 우승을 차지하기도 한다. I와 me 사이에서 무엇을 고를지 결정하지 못한 사람들이 자주 myself를 고르기 때문이다. 저런! 그런 사람들은 Jack and **myself** were married yesterday.와 같은 문장을 내뱉곤 하는데, 실은 Jack and I가 정확하다. 또 The project made money for Reynaldo and **myself**.라고도 하는데, 실은 Reynaldo and **me**가 옳다. 이 책을 읽는 독자들은 이미 이 정도쯤은 알아챘을 것이다.

위의 예문들처럼 self를 남용하는 것은 반칙이다. myself를 비롯한 yourself, himself, herself, itself, ourselves, yourselves, themselves와 같은 모든 이기적인 self들은, 일반적인 대명사인 I나 me, he나 him, she나 her 등의 자리를 차지해서는 안 된다. self에는 두 가지 쓰임새가 있으며, 그 외의 경우에는 쓰이지 않는다.

> **강조를 위해** : I made the cake **myself**. Love **itself** is a riddle. The detective **himself** was the murderer. 이 경우 강조를 위해 쓰인 self를 빼도 문장의 의미가 변하지는 않는다.

> **주어를 가리키기 위해** : She hates **herself**. And you call **yourself** a plumber! They consider **themselves** lucky to be alive. The problem practically solved **itself**.

THEY와 그 친구들 THEY'RE, THEIR, THEIRS (그리고 THERE, THERE'S)

이 단어들을 보면 나는 막스 브라더스(Marx Brothers)의 영화 〈오페라의 밤(A Night at the Opera)〉에 나왔던 배 안의 작은 방 광경이 생각난다. 그 장면 속의 등장인물들처럼, 이 단어들은 쓸데없이 종류가 많고 서로 방해가 되는 것 같기 때문이다. 그러나 하나씩 살펴보면 전혀 그렇지 않다.

> they're는 they are의 단축형이다. **They're** tightwads, and they always have been.처럼 쓰면 된다.

> their와 theirs는 they의 소유격이다. **Their** money is **theirs** alone.이라고 쓰라.

> there는 '거기에'라는 의미로, '여기에'라는 의미의 here와 대비된다. there는 대명사가 아니다. there's 역시 대명사가 아니며, 단지 there is를 줄여 놓은 것일 뿐이다. 그렇지만 there와 there's는 비슷한 발음인 they're, their, theirs와 종종 혼동된다.

때로는 운이 있는 시로 외우는 것이 가장 좋다.

저녁 손님

그들은 위세를 떤다.

그들은 무례하다. 그들의 빤히 보는 시선이 그렇다.

그들은 거기에 꽤 늦게 도착해서는

당신 접시에 손을 대고 있다.

그들은 그들의 것도 아닌 것을 먹고 있다.

THE DINNER GUESTS

They seem to have taken on airs.

They're ever so rude with their stares.

They get there quite late,

There's a hand in your plate.

And they're eating what's not even theirs.

거기엔 THEIR가 없다

많은 이들이 anybody, anyone, everybody, everyone, nobody, no one, somebody, someone, each, either, neither 같은 단어들을 보면 둘 이상의 사람을 연상한다.

사실 이 대명사들은 모두 단수다. 심지어는 everybody와 everyone까지도 그렇다. Everybody are here.라고 말하는 사람은 없을 것이다. 그렇지만 이런 단수의 단어들을 지칭할 일이 생기면 이상한 일이 일어나곤 한다.

많은 사람들이 경솔하게 everybody나 그와 비슷한 대명사들을 복수로 취급해, 단수를 지칭하는 he, she, him, her, his, her를 쓰지 않고 they, them, their, theirs 같은 대역들을 쓴다. Somebody forgot **their** coat.나 If anyone calls, tell **them** I'm out.처럼 말이다.
위 두 문장의 문제점은 무엇인가? 엄밀히 말해 1명은 they가 될 수 없다는 것이다. 물론 they나 them이라고 말하면 그인지 그녀인지 성별을 정해 말하는 것보다 쉬울 수 있다. 하지만 유혹에 빠지지 말라. 성차별적인 문장을 피하려는 의도는 좋지만, 그래도 문법은 맞아야 하지 않겠는가?

이럴 때 영어는 우리에게 실망을 준다. 남녀 공용으로 쓰이는 유일한 대명사는 it뿐인데, 사람더러 항상 '그것'이라고 할 수는 없으니 말이다. 몇 세기 전만 해도 they는 모든 경우에 사용되는 중성적인 대명사였다. they가 단수이자 복수, 남성이자 여성을 지칭할 수 있었던 것이다. 그러나 문법학자들은 그것이 이치에 맞지 않다고 주장했고, 그래서 영어 사용자들은 일반인을 가리키는 데 남성을 지칭하는 he나 him이나 his를 쓰기 시작했다. 하지만 오늘날의 영어 사용자들은 he, him, his라는 단어들이 남성을 뜻한다는 사실을 계속 의식하게 된다.

그렇다면 어떻게 해야 할까? 올바른 영어를 하고 싶다면, 특히 글을 쓸 때는, everybody와 같은 단수 대명사들을 지칭할 때 he, she, it, him, her, his, hers, its 등과 같은 단수 대역들을 사용하라. 즉 Somebody forgot **his or her** coat.나 If anyone calls, tell **him** I'm out.으로 표현하라. 남성형 대명사를 피하고 싶지만 그렇다고 his or her 같은 거추장스러운 표현은 싫다고 해서, 복수형에 의존하지는 말라. 그런 경우라면 차라리 문장을 이런 식으로 바꾸어 쓰라. Somebody forgot a coat. If anyone calls, say I'm out. 또 다른 해결책은 두 군데 다 복수를 사용하는 것이다. If any clients call, tell them I'm out. 남녀 공용 대명사 관련 문제에 대해서는 67~68쪽에 더 나온다.

언젠가는 다용도로 쓰였던 they가 돌아올지도 모른다. 그렇지만 현재로서는 문법적인 오류일 뿐이다. 따라서 당분간은 단수형 대명사를 제대로 골라 쓰도록 하라. 다음에 몇 개의 예문이 있다. 만약 이상하게 보인다면, 당신이 잘못된 문장에 익숙해 있기 때문이다. 이젠 올바르게 쓰도록 하자.

Has **anybody** lost **her** purse? **their** purse가 아니다.
If **anyone** makes trouble, throw **him** out.
throw **them** out이 아니다.
Everybody has **his** priorities. **their** priorities가 아니다.
Everyone seems happy with **his or her** partner.
their partner가 아니다.
Nobody works overtime because **she** likes it.
they like it이 아니다.
No one appreciates **her** husband. **their** husband가 아니다.
Somebody should have **his** head examined. **their** head가 아니다.
Someone locked **himself** out. **themselves** 혹은 더 어이없는

themself가 아니다.

Each has **its** drawbacks. **their** drawbacks가 아니다.

Either is capable of earning **her** own living.

their own living이 아니다.

Neither was wearing **his** earring. **their** earring이 아니다.

NOTE either와 neither는 or나 nor와 같이 쓰일 때는 복수가 될 수도 있다. 자세한 내용은 82~83쪽과 171~172쪽을 보라.

WHAT은 대체 무엇일까?

다음 중 옳은 것을 골라 보자.

Lou sees **what appears** to be ghosts.

Lou sees **what appear** to be ghosts.

Lou가 제정신인지는 일단 제쳐두고, what appears가 맞는 걸까, what appear가 맞는 걸까? 그리고 그 둘은 어떻게 다른 걸까? 여기서 문제의 핵심은 what이라는 대명사가 주어로 사용될 때 단수동사를 갖는가, 아니면 복수동사를 갖는가 하는 것이다. what은 단수도 될 수 있고 복수도 될 수 있다. 앞의 예문에서는 ghosts이므로 복수다. 따라서 올바른 문장은 Lou sees **what appear** to be ghosts 이다.

NOTE what이 한 문장 속에서 두 동사의 주어가 된다면, 그 두 동사는 수가 일치되어야 한다. 즉 둘 다 단수형이 되거나 둘 다 복수형이 되어야 한다. **What scares** Lou the most **is** Bud's sudden disappearance.라는 문장에서는 두 동사 모두 단수형이다. But **what seem** to be supernatural events **are** really sleight of hand.라는 문장에서는 두 동사 모두 복수형이다.

what을 바르게 쓰기 위해서는 노력이 필요하다. 본능적으로 찾아서 쓰는 사람은 드물기 때문에, 마음을 느긋하게 먹고 함정을 조심해야 한다. what과 동사에 관해서 더 알아보려면 84쪽을 참고하라.

chapter

2

골칫덩이 복수형들

수 일치에 관한 실수

Blunders with Numbers

chapter

2

문법에는 항상 어려움이 따른다. 한두 가지가 아니라 가끔 문어 같은 것을 말할 때는 여덟 개나 되는 다리까지 고려해야 하며, 그럴 경우에는 어쩔 수 없이 복수에 관한 생각을 하게 된다.

노아가 알았던 것
방주는 균형 있게 채워졌다네.
남자 한 명에 여자 한 명
그것이 특이했던 이유는
무엇이든 복수라는 것이었지.
WHAT NOAH KNEW
The ark was filled symmetrically:
A boy for every girl.
Its claim to singularity
Resided in the plural.

복수형이 없다면, 우리는 한 번에 한 가지씩만 말할 수 있을 것이다. 그래서 야구 경기를 보면서 땅콩들을 봉지째 먹지 못하고, 땅콩 1개를 먹고 또 땅콩 1개를 먹고 또 땅콩 1개를 먹어야 할 것이다. 그러나 언어는 편의를 도모할 줄 아는 것이어서, 우리는 땅콩들을 한 봉지씩 먹고, 여러 봉지들까지 먹을 수 있다! 단수형이 있는 단어는 모두 복수형도 있기 때문에, 우리는 '무한'이라는 단어에조차 '무한들(infinities)'이라는 복수형을 사용할 수 있다.

영어에서 복수형을 만드는 건 무척 쉽다. 단수형 명사(사물이나 사람, 장소, 생각을 나타내는 단어)를 복수형으로 바꾸려면 단어의 마지막 글자에 따라

s나 es나 ies를 붙이면 된다. 복수형 만들기는 참으로 식은 죽, 아니 식은 죽들 먹기 아닌가!

물론 불규칙적인 복수형도 있다. 그렇지만 영어를 사용하는 사람들은 대여섯 살만 돼도 그것들을 자연스럽게 쓰게 된다. 그래서 Children shouldn't play with knives.라고 하지, Childs shouldn't play with knifes.라고 하지 않는다. 또 Ganders are male geese.라고 쓰지, gooses라고 쓰지 않는다. 좀 더 나이가 들면 다른 언어로부터 유래한, criteria, phenomena, hypotheses와 같은 특이한 복수형들도 알게 된다.

대부분의 사람들이 고민하는 건 고유명사나, 여러 단어로 이루어진 명사나, 단수형과 복수형이 같은 명사들 때문이다. 예를 들어, Sanchez라는 이름이 여럿이거나 spoonful이 여럿일 때는 어떻게 해야 할까? Brother-in-law가 여럿이라면? couple이나 politics 같은 단어는 단수로 취급될까, 복수로 취급될까, 아니면 둘 다 가능할까?

이제 본론으로 들어가서, 이름에 관련된 복수형부터 살펴보자.

JONES가 여럿이라면 JONESES일까? – 이름의 복수형

도대체 왜 사람들이 이름을 복수형으로 만들 때 그것을 알아볼 수 없게끔 망가뜨리는지 모르겠다. In my daughter's preschool class, there are two **Larries**(헉!), three **Jennifer's**(엥?), and two **Sanchez'**

(어렵쇼!). 이 이름들은 그저 Larrys, Jennifers, Sanchezes라고 쓰면 된다.

이름을 복수로 만드는 것은 별로 어렵지 않다. 이름이든 성이든, s를 더해서 복수형을 만들라. 그리고 이름이 s, sh, ch, x, z로 끝난다면 es를 붙이면 된다. 제발 아포스트로피는 붙이지 말자!

Charles and his friend Charles are just a couple of **Charleses.**
When Eliza dated three guys named Henry, she couldn't keep her **Henrys** straight. What's more, two of them were **Higginses.**
There are eight **Joneses**, two of them **Marys**, in Reggie's little black book.
The **Ricardos** and the **Mertzes** had dinner with the **Simpsons** and the **Flanderses** at the home of the **Cleavers.**

복합 골절: 분리가 가능한 단어들

어떤 명사들은 단순하지 않고 마치 소규모 건설 프로젝트처럼 복잡하게 짜여 있다. 한 숟가락에 가득 차면 spoonful이 된다. 그렇다면 두 숟가락에 가득 차면 spoonsful인가, spoonfuls인가? 아내에게 두 명의 형제가 있다면 brothers-in-law인가, brother-in-laws인가? 달리 말해, 여러 부분으로 이루어진 복합명사는 어떤 복수형을 취해야 할까? 이 문제에 대한 해답 역시 복합적이다.

> 복합명사가 하이픈(-) 없이 한 덩어리라면, 단어의 뒷부분을

일반적인 복수형으로 바꾸라.

Churchmen love **soapboxes.**

Kipling appeals to **schoolchildren** and **fishwives.**

Doormen are good at getting **taxicabs.**

You don't find Biedermeier **bookcases** in **alleyways.**

Babies dump **spoonfuls** of jam on **footstools.**

> 단어에 하이픈이 있든 없든 나뉘어 있다면, 밑줄로 표시된 것과 같은 어근이나 가장 중요한 명사를 복수형으로 바꾸라.

Mothers-in-law like to attend **courts-martial.**

Are they **ladies-in-waiting** or just **hangers-on**?

Those **counselors-at-law** ate all the **crêpes suzette.**

Do **rear admirals** serve on **men-of-war**?

> 복합명사 중에서 general이 들어가 있는 것들을 조심하라. 군대의 직위를 말할 때는 general이 중요한 부분이므로 s가 붙게 되지만, 일반적인 직업이라면 general은 어근이 아니므로 s가 붙지 않는다.

Two **attoryneys general** went dancing with two **major generals.**

Those **consuls general** are retired **brigadier generals.**

NOTE 지나가는 사람은 passer-by였고, 여러 명일 경우에는 passers-by라고 했다. 시간이 흘러 하이픈이 사라졌지만 passerby와 passersby는 여전히 쓰인다. 이 경우의 s는 예외적으로 중간에 끼어든 채로 남게 되었다.

ICS 파일

명사의 수를 알아내기가 쉽지 않은 경우도 있다. mathematics라는 단어를 보자. 단수인가, 복수인가? 이처럼 ics로 끝나는 economics, ethics, optics, politics와 같은 단어들은? 다행히 수학박사가 아니어도 간단히 해결할 수 있는 문제다.

ics가 들어간 단어가 학문의 한 분야를 가리킨다면 단수 취급을 한다. 그렇지만 ics가 들어간 단어가 어떤 사람의 신념을 가리킬 때처럼 특정한 용도로 쓰인다면 복수 취급을 해야 한다.

"**Politics** stinks," said Mulder.

"Mulder's **politics** stink," said Scully.

Statistics isn't a popular course at the academy.

Alien-abduction **statistics** are scarce.

단수 복수의 두 얼굴을 가진 단어들

어떤 것들의 집합을 뜻하는 명사는 이중의 문제를 안고 있다. 어떤 때는 단수가 되고 어떤 때는 복수가 되기 때문이다. 단수와 복수를 어떻게 구분해야 할까? 놀랄지 모르지만, 상식적으로 생각하면 답이 있다.(그렇다. 상식도 영어를 사용하는 데 도움이 된다.) 자신에게 이런 질문을 던져 보라. 내가 지금 야구팀 자체를 생각하고 있는가, 아니면 야구선수들 각자를 생각하고 있는가? 때에 따라 단수가 되기도 하고 복수가 되기도 하는 단어들을 하나씩 살펴보자.

COUPLE을 위한 조언

도대체 커플은 단수일까 복수일까? couple은 한 쌍이니 단수로 봐야 할까, 아니면 두 개체가 모였으니 복수로 봐야 할까? 그것은 콩깍지 안에 든 두 개의 콩알인가, 아니면 두 개의 콩알이 들어 있는 하나의 콩깍지인가?

couple은 양면성을 띤 단어 중 가장 자주 쓰이는 단어일 것이다. 그것은 두 사람을 각각으로 보느냐 한 묶음으로 보느냐에 따라, 단수로 취급될 수도 있고 복수로 취급될 수도 있다. 스스로에게 두 개의 콩을 생각하는지, 하나의 콩깍지를 생각하는지를 물어보라. 한 가지 힌트가 있다. couple 앞에 a나 the 중 어떤 것이 나왔는지를 보는 것이다. the couple은 대개 단수다. a couple은 주로 of와 함께 쓰이며, 대개는 복수다. 다음의 예문은 그 두 용법을 보여주고 있다. 밑줄이 쳐진 동사를 유의해서 보라.

A **couple** of tenants own geckos. The **couple** in 5G owns a family of mongooses.

Only a **couple** of appointments are available. That **couple** is always late.

couple에 대한 내용은 동사에 관한 부분에 더 있으니 83쪽을 참고하라.

집단 치료

total, majority, number와 같이 어떤 집단을 뜻하는 단어들은 단수도 되고 복수도 된다. 이런 단어들은 집단 자체를 뜻하기도 하고, 집단의 구성원 하나하나를 뜻하기도 한다.

양면성을 가진 다른 단어들의 경우처럼, 스스로에게 전체를 생각하고 있는지 아니면 하나하나의 부분을 생각하고 있는지를 물어보라. 힌트를 준다면, the total, the majority에서처럼 the가 단어 앞에 나오면 단수형임을, a total, a number에서처럼 a가 단어 앞에 나오면 (특히 뒤에 of가 따라 온다면 더욱 더) 복수형임을 암시한다는 것이다. 다음 예문에서 밑줄이 쳐진 동사를 통해 두 가지 경우를 알아보자.

The **majority** is in charge. Still, a **majority** of voters are unhappy.
The **total** was in the millions. A **total** of six were missing.
The **number** of hats Bette owns is astounding. A **number** of them are pretty ridiculous.

total, majority, number에 대해 더 알아보려면 동사에 관한 부분인 83쪽을 보라.

ALL의 양면성

all은 다용도로 쓰이는 단어다. all은 모든 사람에게 온갖 의미를 갖고 있으며 모든 것을 포함한다. 이 짧은 단어는 너무나도 포괄적이라 복수도 되고 단수도 된다. 이것 역시 양면성을 띤 단어인 것이다.

다행히도 all이 단수인지 복수인지 결정하는 것은 쉽다. 절대 틀리지 않을 만한 구분법을 알려주겠다. (수를 보여주는 동사에 밑줄이 있다.)

> All이 '어떤 것의 전부(all of it)', '모든 것(everything)', '단 하나의 것(the only thing)'을 지칭한다면 단수이다. "**All** I eat is lettuce," said Kate. "But **all** I lose is brain cells. **All** is not well with my waist."
> All이 '어떤 것들의 모두(all of them)'를 지칭한다면 복수이다. "**All** the men I date are confused," said Kate. "**All** prefer slender women with big appetites."

NOTE any 역시 같은 규칙을 따른다. '어떤 것의 일부(any of it)'를 말한다면 단수, '어떤 것들의 일부(any of them)'를 말한다면 복수이다. any와 all에 대해서는 동사에 관한 부분인 83쪽에 더 나온다.

NONE을 파악하는 센스

none은 단수도 되고 복수도 되는 양면성을 띤 단어들 중 가장 이해하기 어렵다. none이 혼동을 일으키는 이유 중 하나는 많은 사람들이 학교에서 'none은 not one을 의미하기 때문에 언제나 단수'라고 잘못 배웠기 때문이다. 그래서 많은 사람들이 **None** of Dempsey's teeth was chipped. 혹은 **None** of Tunney's fingers was broken.과 같은 어색한 문장들을 문법적으로 옳다고 생각한다.

그렇지만 none은 not any의 뜻이고, 대부분의 문법학자들은 그것이 '어떤 것들 중 아무것도 아님(not any of them)'을 뜻하는 복수라고 주장한다. 따라서 옳은 문장은 이렇다. **None** of Tyson's teeth were chipped. **None** of Holyfield's fingers were broken. none은 '어떤 것의 일부도 아님(none of it)', 즉 '어떠한 양도 아님(no amount)'을 뜻할 때만 다음과 같이 쓰일 수 있다. **None** of the referee's blood was shed.

none이 단수인지, 아니면 복수인지를 결정하는 쉬운 방법이 있다. (동사에 밑줄이 있다.)

> '어떤 것들 중 아무것도 아님(none of them)'이라는 의미라면 복수이다. **None** of the fans are fighting. **None** are excited enough.

> '어떤 것의 일부도 아님(none of it)'이라는 의미라면 단수이다. **None** of the bout was seen in Pittsburgh. **None** was broadcast.

NOTE 정말로 '전혀 아님'을 말하고 싶은 것이라면 not one을 쓰고 단수형의 동사를 사용하는 것이 좋다. **Not one** of Holyfield's fingers was broken. none에 대해서는 동사에 관한 부분인 83쪽과 302쪽에 더 나온다.

>> IFS, ANDS, BUTS

영어의 문법 규칙에는 늘 예외가 있다. man이나 woman이 복합명사의 일부일 경우에는 대개 두 부분이 모두 복수형이 된다. 예를 들면, manservant는 menservants, woman doctor는

women doctors가 된다. 살아 있는 mouse는 여러 마리의 새끼 mice를 낳는다. 그렇지만 computer mouse가 여럿일 땐 mice도 되고 mouses도 된다.(간혹 장난삼아 meece나 rats, rodentia를 쓰는 사람들도 있다.) 또한 hotfoot은 hotfoots가 되며 still life는 still lifes가 되는 것에 유의하라.

가끔은 yes, no, maybe 같은 단어를 복수형으로 써야 할 때가 있다. 그럴 때는 그것들을 명사로 취급하여 보통명사를 복수형으로 바꾸는 일반적인 규칙을 따른다.

'왜'라는 물음에 고함

인생은 좋았다 나빴다, 이랬다저랬다 하며,
평생을 약속하다가도 절대 약속하지 않는다 하고,
질문이 넘치곤 하며,
전과 후가 다르고,
해야 할 것들과 하지 말아야 할 것들이 있으며,
헤어짐이 있으면 만남이 있고, 또 다른 헤어짐이 있다.
인생은 '만약'의 연속이며
'언제'와 '그러면 어때서?'의 뒤섞임이다.
우리는 승낙과 혹하는 마음에서 일어서지만,
결국 거절과 망설이는 마음 때문에 넘어진다.

WORDS TO THE WHYS

(역주: the whys에는 발음을 따라 the wise,
즉 '지혜로운 자들'이라는 뜻도 포함되어 있다.)

Ups and downs and ins and outs,

Forevers and nevers and whys.
Befores and afters, dos and don'ts,
Farewells and hellos and good-byes.
Life is a string of perhapses,
A medley of whens and so whats.
We rise on our yeses and maybes,
Then fall on our noes and our buts.

(역주: 'fall on our nose and our butts'로도 들릴 수 있으므로 '코와 엉덩이가 납작해지도록 넘어진다.'라고도 볼 수 있다.)

Y로 끝나는 단어들

어떤 복수형들은 굉장히 단순해서 우리를 즐겁게 한다. y로 끝나는 단어들은 다음의 규칙에 따라 s를 더하거나 y를 ies로 바꿔 복수형을 만들면 된다.

> 단어가 자음, 즉 b, d, l, r, t 같은 딱딱한 소리들 뒤에서 y로 끝난다면 y를 빼고 ies를 붙이라. **Ladies** don't throw **panties** off the decks of **ferries**.

> 단어가 모음, 즉 a, e, o, u와 같이 입을 벌려서 나는 부드러운 소리들 뒤에서 y로 끝난다면 s만 붙이라. **Boys** born in **alleys** can grow up to be **attorneys**.

y로 끝나는 이름을 복수형으로 바꾸는 것에 대해서는 42~43쪽을

참고하라. y와 같은 알파벳 한 글자의 복수형을 어떻게 만드는지 알고 싶다면 53쪽을 보라.

ONE POTATO? TWO POTATO?: O로 끝나는 단어들

이 문제에 대한 간단한 답이 있다면 참 좋겠지만 유감스럽게도 o로 끝나는 단어의 복수형을 만드는 데는 예외 없는 답이 없다.

> 대부분의 경우 s를 더해서 복수형을 만든다. **Romeos** who wear **tattoos** and invite **bimbos** to their **studios** to see their **portfolios** are likely to be **gigolos**.

> 몇몇 단어들은 es를 더해서 복수형을 만든다. 가장 흔히 쓰이는 경우를 보자. The **heroes** saved the **cargoes** of **tomatoes** and **potatoes** from the **mosquitoes** and **tornadoes** by hiding them in **grottoes**.

o로 끝나는 단어의 복수형이 확실치 않다면 사전을 찾으라. 두 가지의 복수형이 나온다면 먼저 나온 것이 더 흔히 쓰이는 것이다.

축약어, 알파벳, 숫자의 복수형

권위 있는 문법학자들 사이에서도 오랫동안 GI, rpm, RBI 같은 축약어들과, x, y, z 같은 알파벳들, 그리고 9나 10 같은 숫자들의 복수형을 어떻게 써야 할지 의견이 일치하지 못했다. s를 붙여야 하나 's를 붙여야 하나? 어떤 전문가는 UFO's를 보았는데 다른 전문가는 UFOs를 보았다고 한다. 한 사람은 1950's를 그리워하고 다른 사람은 1950s를 그리워한다.

's를 붙인다면 소유격과 복수형이 혼동되는 문제가 생긴다. UFO's는 I see two **UFO's**.에서처럼 복수형인가, 아니면 That **UFO's** lights are violet.에서처럼 소유격인가?

요즘 대부분의 출판사들이 쓰는 방법이자 내가 추천하는 방법은 이것이다. 축약어와 숫자의 복수형을 만들려면 s를 붙이고, 알파벳 하나의 복수형을 만들려면 's를 붙이라. 예를 들어 보자.

CPAs, those folks who can add columns of **9s** in their heads, have been advising **MDs** since the **1980s** to dot their **i's**, cross their **t's** and never accept **IOUs**. Things could be worse: there could be two **IRSs**.

왜 알파벳 하나일 때는 아포스트로피를 써야 할까? 그것이 없다면 복수형이라는 것을 알아볼 수 없기 때문이다. 이 문장을 보라. The choreographer's name is full of **as**, **is**, and **us**. 이 문장에 나온 알파벳들의 복수형은 **a's**, **i's**, **u's**로 써야 구분이 수월해진다. 254쪽도 참고하라.

BETWEEN과 FROM 사이의 숫자놀이

물론 이 문제로 밤잠을 설치는 일은 없을 것이다. 그렇지만 이것은 늘 부딪히는 문제이다. 그 문제란 바로 between이나 from 다음에 오는 명사가 단수인가 아니면 복수인가 하는 것이다. The elevator stalled **between** the ninth and tenth [**floor/floors**], stranding the boss **from** the first to the third [**week/weeks**] in August. 어떤 문제인지 이제 알겠는가? 작지만 아주 흔한 문제이다.

답은 이렇다. Between 뒤에는 명사의 복수형이 오며, from 뒤에는 명사의 단수형이 온다.
The elevator stalled **between** the ninth and tenth **floors**, stranding the boss **from** the first to the third **week** in August.

2개의 예를 더 보자.
Veronica said she lost her charm bracelet somewhere **between** Thirty-third and Thirty-seventh **Streets**. Archie searched every inch of pavement **from** Thirty-third to Thirty-seventh **Street** before realizing that she had been in a cab at that time.

온갖 종류의 KINDS, SORTS, TYPES

다음과 같은 문장을 보면 어떤 생각이 드는가? I hate **these kind** of mistakes! 이상하게 들린다면 당신의 판단이 옳은 것이다. **these**

kinds of mistakes 혹은 **this kind** of mistake라고 해야 맞다.

단수형인 kind of, sort of, type of, style of의 앞에는 this나 that이 나와야 하고, 뒤에는 명사의 단수형이 나와야 한다. 다음처럼 하면 된다. Dagwood wears **this kind of hat**.

복수형인 kinds of, sorts of, types of, styles of의 앞에는 these나 those가 나와야 하고, 뒤에는 대개 명사의 복수형이 나온다.
Mr. Dithers hates **those kinds of hats**.
도움이 되는 예문 몇 개를 더 보자.

"I enjoy **this sort of cigar**," said Dagwood.
"**These sorts of cigars** disgust me," said Mr. Dithers.
"**That type of car** is my ideal," said Dagwood.
"Only gangsters drive **those types of cars**," said Mr. Dithers.

kind of, sort of, type of, variety of 같은 표현 뒤에는 a나 an을 쓰지 말라. The beagle is **some kind of a** hound.처럼은 절대 쓰지 말자.

NOTE 어떤 명사들의 단수형은 Is the **meat** done?에서처럼 한 가지만을 지칭하거나, The butcher sells many varieties of **meat**.에서처럼 전체를 다 표현할 수도 있다. 어떤 명사의 단수형은 The **china** matches the **furniture**.에서처럼 언제나 한 세트의 사물을 의미한다. 명사의 단수형이 이처럼 사물의 집단을 가리킨다면, 꼭 그럴 필요는 없지만, those kinds, these sorts 등과 함께 사용해도 된다. 즉 **Those kinds of china** break easily.라고 써도 된다는 말이다. 이것은 미묘한 차이이므로 구별이 힘들다면 앞서 설명한 기본 규칙을 따라 this kind of china라고 쓰는 게 안전하다.

절대 변하지 않는 것들

fish, deer, moose, vermin, elk, sheep, swine처럼 단수형과 복수형이 같은 동물 이름에는 이미 익숙할 것이다. 또한 series, species, headquarters 등과 같이 s로 끝나는 상당수의 단어들도 단수형과 복수형이 같다. Gizmo's **headquarters** was designed by Rube Goldberg. The two rival companies' **headquarters** were on opposite sides of town.

보이는 것이 다가 아닐 때

s로 끝나기 때문에 복수형처럼 보이지만 사실은 단수형인 명사들도 많다. 예를 들자면 checkers, billiards, dominoes 같은 게임 이름과, measles, mumps, rickets, shingles 같은 질병 이름, 그리고 molasses, news, whereabouts 같은 단어들이 그렇다. 문장을 통해서 보자. Basil says **billiards** takes his mind off his **shingles**, which is driving him crazy.

그것만 해도 복잡한데, s로 끝나는 어떤 단수명사들은 한 쌍으로 취급된다. 예를 들면 scissors, trousers, tongs, pliers, tweezers, breeches 등이다. 쌍으로 된 이런 단어들은 단수명사이지만 복수로 취급한다. The **scissors** were found, as were the **tweezers**, in the drawer where the **pliers** are kept.

그리고 또 pair라는 단어도 있다. 이것은 단수일까, 복수일까? 이 문제에 대해서는 두 가지 답이 있다.

a **pair** of pumpkins처럼 2개의 서로 다른 개체를 가리킨다면, pair를 복수로 취급하라. A **pair** of pumpkins are in the window.

a **pair** of shoes처럼 2개의 부분으로 나뉘어 있는 하나의 사물을 가리킨다면 pair를 단수로 취급하라. One **pair** of shoes is black.

그렇지만 pair가 여럿이라면 pairs가 되니 이렇게 써야 한다. Two **pairs** are brown.

하지만 문제는 거기에서 끝나지 않는다. 복수형인 단어들도 양이나 정도를 나타내는 경우에는 단수로 취급된다.

> 돈 : Bernice says **$4 is** too much for a cup of coffee.

> 시간 : For a trip to Tuscany, **three days isn't** enough.

> 거리 : The pizzeria says **five miles is** as far as it delivers.

> 무게 : At Kate's height, **110 pounds is** too skinny.

> 온도 : In Phoenix, **90 degrees is** springlike.

덧붙이자면, 양을 나타내는 이런 단어들과는 **fewer** than이 아니라 **less** than을 써야 한다. fewer와 less에 대해 더 알고 싶다면 143~144쪽을 보라.

NOTE 아주 오래 전에는 복수였던 agenda, insignia, stamina 등의 단어들은 현재 단수가 되었다. data와 media 역시 단수가 되었다. 이런 단어들에 대해서는 300쪽을 참고하라. 그리고 흥미진진한 읽을거리가 필요하다면 kudos가 단수형인지 복수형인지를 설명한 164쪽을 보라.

외래어의 복수형

내 지인 중 캘리포니아에 사는 슈워츠 박사는 선인장(a cactus) 수집가이다. 그렇다면 그의 정원은 cactuses로 가득 차 있을까, 아니면 cacti로 가득 차 있을까? 사전을 찾아보면 둘 다 옳다고 되어 있다. cacti가 더 과학적으로 들릴지는 몰라도 더 올바른 것은 아니다. 과학자가 아닌 일반인 사이에서는 cactuses가 더 많이 쓰인다.

외국어에서 유래된 명사의 경우 memorandums처럼 영어식 복수형을 써야 할지, memoranda처럼 외국어식 복수형을 써야 할지 어떻게 알 수 있을까? 안타깝게도 이에 대한 정확한 답은 없다. 1세기 전이라면 외국어의 규칙에 따라 복수형을 만드는 것이 선호되었겠지만, 요즘 들어서는 외래어에도 영어식 복수형 어미를 붙이는 경우가 많아졌다. 특히 전문용어보다는 일상용어에서 더 그렇게 한다. 그러니까 특이한 복수형을 안다고 해서 더 배운 사람이라는 고정관념은 버리자. ignorami(역주: 무식한 자들)만이 자신이 condos가 아닌 condominia에 산다고 말할 것이다.

정확한 것을 선택하는 것이 까다로울 때도 있다. 예를 들자면, referendums가 약간 우세하기는 하지만 referendums와 referenda 사이에는 팽팽한 접전이 펼쳐지고 있다. 확신이 서지 않는 상황이라면 용법 사전을 참고하거나 사전에 우선적으로 제시된 복수형을 쓰라. 대부분은 그것이 가장 널리 사용되는 복수형이다.

요즈음 흔히 쓰이는 복수형들을 살펴보자.

영어식 복수형 : antennas(곤충의 더듬이는 제외), appendixes, beaus, cactuses, chateaus, curriculums, formulas, funguses, gymnasiums, indexes, memorandums, millenniums, octopuses, referendums, stadiums, syllabuses, symposiums, tableaus, ultimatums, virtuosos

외국어식 복수형 : addenda, algae, analyses, antennae(곤충의 더듬이), axes(axis의 복수형), bacteria, bases(basis의 복수형), crises, criteria, hypotheses, kibbutzim, larvae, oases, parentheses, phenomena, radii(radiuses도 널리 사용되기 시작했다.), stimuli, strata, theses, vertebrae

대단히 흥미로운 복수형도 있다. 문어를 예로 들어보자. 문어는 생물학적으로뿐만 아니라 문법적으로도 무척 신비로운 동물이다. octopus라는 단어는 '여덟 개의 발을 가진'이라는 그리스어에서 왔다. 원래의 복수형은 octopodes였으나 세월이 흐르면서 영어식으로 octopuses가 되었다. 그런데 그 사이에 누군가 그리스어 podes 대신 라틴어 pi라는 어미를 붙여 여러 언어가 혼합된 복수형 octopi를 만들어냈다. 어원학적으로 보면 사생아라고 해야 할 octopi는 이제 너무 흔하게 쓰여서, 대부분의 사전에서는 octopuses 바로 다음 자리를 차지하고 있다. 그래도 나는 octopuses를 쓰겠다. octopi는 잘 속는 바보들이나 쓰는 것이다.

여러 마리의 연체동물들
바닷속을 꿈틀거리며 지나가는 것은
octopi가 아니라 octopuses다.

MULTIPLE MOLLUSKS

In the oceans, wriggling by,

Are octopuses, not octopi.

chapter

3

누구의 것인가

소유격과 소유된 것

The Possessives and the Possessed

chapter

3

소유욕이 넘치는 사회에 살면서도 우리는 소유격 사용에 너무 관심이 없다. 휴양지를 지나가다가 소유권을 나타내기 위해 별 생각 없이 써놓은 The Miller's, The Davis', The Jone's, Bobs place 등의 팻말을 본 적이 있는가? 상호도 별로 다르지 않아서 소유격을 넣을 수 없는 곳에 소유격을 넣곤 한다. 뉴욕의 타임스퀘어 광장 근처에 있던 망해 버린 극장은 이름이 The Ero's였다. Harrys Muffler Shop이나 Glorias' House of Beauty, His' and Hers' Formal Wear 같은 상호도 있었다.

소유격이라면 당연히 아포스트로피(')가 들어가리라 생각하지만, its라는 단어를 보면 그것도 아니어서 골치가 아프다. 그것 말고도 수없이 많은 소유격 문제가 있다. Jake의 친구라면 friend of Jake인가, friend of Jake's인가? 삼촌댁은 aunt and uncle's인가, aunt's and uncle's인가? 담배를 피워도 되느냐고 물을 때 Do you mind me smoking인가, my smoking인가?

가진 자와 가지지 못한 자(haves and have-nots)가 있는 한 소유격에 관한 의문은 계속될 것이다. 이 장은 그 중 가장 고민되는 것들에 대한 답을 제시해 준다.

소유격은 어렵지 않다 – 기본적인 사실들

소유격은 사실 아주 간단하다. 아포스트로피와 s만 있으면 어떤 단어든 소유격으로 만들 수 있다. 상황에 따라서 's를 붙이거나 아포스트로피만 붙이기도 한다.

> 단어가 단수라면 끝에 나온 알파벳과 관계없이 무조건 ’s를 붙인다. 맨 마지막 글자가 s, z, x이건, 묵음이건 상관없다. The waiter spilled red wine on **Eula's** dress, which came from **Paris's** finest shop. The **dress's** skirt, which resembled a tutu from one of **Degas's** paintings, was ruined. **Flem's** attitude was philosophical (he had been reading **Camus's** essays). "It wasn't **Jacques's** fault," he said, defending the waiter. "Besides, it's not this **Bordeaux's** best vintage."

> 단어가 복수라도 s로 끝나지 않는다면 ’s를 붙인다. The **children's** menu was a rip-off, and the **men's** room was painted fuchsia.

> 단어가 복수이며 s로 끝난다면 아포스트로피만을 붙인다. The **Snopeses'** car was stolen by the valet parking attendant. The **cops'** attitude was surly. The **victims'** evening was now demolished.

공교롭게도 아포스트로피로 끝나는 소유격 단어 뒤에 콤마(,)나 마침표(.)를 찍어야 한다면, 그 콤마나 마침표는 아포스트로피 다음에 와야 한다. The idea was the **girls'**, or maybe the **boys'**, but the responsibility was their **parents'**.

NOTE 아포스트로피를 붙이기 전에 제대로 된 복수형을 썼는지 반드시 확인하라. 이름의 복수형에 관해서는 42~43쪽을 보라. 간단히 말하자면, Snopes처럼 s로 끝나는 이름의 복수형은 es를 붙인 Snopeses(the Snopeses)가 되고, 소유격은 es’를 붙인 Snopeses'(the Snopeses' car)가 된다. s 소리로 끝나지 않는 Babbitt와 같은 이름이라면, 복수형은 s만 붙인 Babbitts(the Babbitts)가 되고, 소유격은 s'를 붙인 Babbitts'(the Babbitts' car)가 된다.

공공의 적: ITS일까, IT'S일까?

아포스트로피 하나가 얼마나 큰 역할을 하는가! 모든 소유격에는 아포스트로피가 들어 있을까? 반드시 그런 건 아니다. it, he, she 같은 대명사의 소유격에는 아포스트로피가 붙지 않는다. **His** coat is too loud because of **its** color, but **hers** is too mousy.

이제 it's를 보자. 여기에서의 아포스트로피는 생략된 무엇인가의 자리를 대신하고 있다. it's는 it is의 단축형이며, 아포스트로피는 is에서 빠진 i를 대신해 준다. The parakeet is screeching because **it's** time to feed him.

its와 it's를 쉽게 구분하는 방법이 있다.

> 쓰려는 단어가 it is로 대체될 수 있다면 it's를 쓰라. 그렇지 않다면 its를 쓰라. its와 it's에 관해서는 대명사에 관한 부분인 22~23쪽을 보라.

NOTE it's는 때로 it has의 단축형이기도 하다. 다음과 같은 문장의 경우다. **It's** been hours since he ate.

IT의 위트

작디작은 문제가

나에게 엄청난 고민을 안겨주곤 했다.

왜 아포스트로피를

it's에는 쓰지만 its에는 쓰지 않는 걸까?

이 작은 문제에 대한 해답은

조금 긴 it's는 it is의 단축형이고

덜 대단해 보이는 its는

소유격이라는 것이다.

IT WIT

An itsy-bitsy problem

Used to give me fits.

Why use an apostrophe

With it's but not with its?

The answer to this little quiz:

The longer it's stands for "it is,"

While the its that's less impressive

Is the one that's a possessive.

누가 누구의 것이라고?

whose와 who's의 문제는 앞에서 본 its와 it's의 문제와 똑같은 경우이다. 하나만 해결하면 나머지 하나는 쉽게 해결된다.

아포스트로피 때문에 착각하지 말라. 모든 소유격에 아포스트로피가 붙는 것은 아니다. who는 it이나 he와 마찬가지로 명사를 대신하는 대명사이며, 대명사의 소유격에는 아포스트로피가 붙지 않는다. "**Whose** frog is this?" said Miss Grundy.

who's의 경우에는 아포스트로피가 생략된 뭔가의 자리를 대신 차지한 것이다. who's는 who is의 단축형으로, 아포스트로피는 is에서 빠진 i를 대신해 준다. "And **who's** responsible for putting it in my desk?"

whose와 who's를 올바르게 쓰기 위해서는 이것만 알면 된다.

> who is로 대체할 수 있다면 who's를 쓰라. 그렇지 않다면 whose를 쓰면 된다.

NOTE who's는 또한 who has의 단축형으로 쓰이기도 한다. **Who's** had lunch?

THEIR는 죽기 살기로 구분하자

His newest book, Monster Truck, is written especially for the child with machinery on **their** mind. 뭐... their라고? 그 동화책이 이 광고보다는 잘 쓰였기를 바라자.

they의 소유격인 their는 he나 she의 소유격으로 잘못 사용되곤 한다. No one in **their** right mind pays retail. 이럴 수가! no one은

단수이므로 소유격 역시 단수형이 되어야 한다. No one in **her** right mind pays retail.

많은 사람들이 어떤 특정인을 가리키는 경우가 아니라면 his나 her를 쓰는 것을 꺼리는 것 같다. 그렇지만 영어가 모든 사람이 동의할 수 있는 중성 소유격을 가질 때까지는, his나 her 또는 거추장스럽더라도 his or her를 쓰는 게 문법에 맞다. their를 his나 her 자리에 넣는 것은 정치적으로는 올바를지 몰라도 문법적으로는, 특히 글을 쓸 때는 오류가 된다.

their나 their와 발음이 비슷한 다른 단어들과 관련된 문제에 대해 알고 싶다면 대명사에 관한 부분인 32~36쪽을 보라.

공공의 소유: 2명이 소유하는 것들

어떤 것의 주인이 2명이라면 누가 진정으로 그것을 소유한 것인가? 두 사람이 하나의 경험을 공유한다면 그것은 누구의 경험인가? 예를 들어 Sam과 Janet이 저녁때 데이트를 한다면 그것은 **Sam and Janet's** evening인가, **Sam's and Janet's** evening인가?

> Sam과 Janet이라는 두 사람이 '저녁'이라는 하나의 것을 함께 한다면, 그들을 하나의 단위로 생각하면 된다. 그러므로 끝에만 's를 붙이면 된다. **Sam and Janet's** evening was ruined when their date ended at the police station.

> 어떤 것들을 두 사람이 공유하는 것이 아니라 각자 소유한다면, 두 사람의 이름 모두에 's가 붙는다. **Sam's and Janet's** furniture—his Danish modern, her French rococo—would never work in the same apartment. 혹은 **Sam's and Janet's** couches came from the same store.

> 두 사람의 이름이 your, my, our 등의 대명사로 바뀐다면 "**Your and my** furniture can't live together," said Janet. 에서처럼 나란히 쓰지 말라. 그 대신 중간에 명사를 넣어서 "**Your** furniture and **mine** can't live together."라고 바꿔 쓰는 것이 훨씬 낫다.

BODY는 별 문제없다

소유격을 만들 때 body가 붙은 단어들은 별 문제를 일으키지 않는다. anybody, everybody, somebody, nobody 등의 단어들은 다음과 같이 's만 붙이면 소유격이 된다. anybody's, everybody's, somebody's, nobody's.

else까지 붙는다면 's는 else에 붙게 된다. "Stella is mine, and **nobody else's**," said Stanley. 우리들에게는 이것이 당연해 보이지만, 옛날에는 다음과 같이 대명사에 's를 붙이는 것이 올바른 용법이었다. Is that your suit of armor, Sir Lancelot, or **somebody's else**?

누구를 위한 SAKE일까?

어떤 단어들의 조합은 발음하기가 너무 어렵다. 소유격 규칙에 대한 다음과 같은 예외를 설명할 마땅한 말이 그것밖에 없다.

우리는 어떤 일을 for pity's sake, for heaven's sake, for the nation's sake, for our children's sake 때문에 할 수 있다. 하지만 for **goodness'** sake, for **conscience'** sake, for **appearance'** sake, for **righteousness'** sake처럼 sake가 들어간 어떤 문구들에는 아포스트로피만 붙이고 그 뒤에 흔히 붙여야 하는 s는 붙이지도 발음하지도 않는다. 전통이라고 불러도 좋다. 영어를 쓰던 옛 사람들은 그런 단어들에는 이미 쉬쉬거리는 소리가 충분히 많이 들어 있다고 판단해서, s 소리가 나는 음절(치찰음)에는 s를 더 붙일 필요가 없다고 판단한 것 같다. 무슨 말인지 모르겠다면 righteousness' sake를 반복해서 읽어보라.

또한 고대 그리스와 로마의 이름이나 성서 속 인물들의 이름이 s로 끝나는 경우, 그 소유격을 만들 때는 마지막 s를 관습적으로 생략한다. Whose biceps were bigger, **Hercules'** or **Achilles'**?

소유욕이 넘쳐난다면?

명사를 소유격으로 바꾸는 한 가지 방법은 's를 붙이는 것이고, 다른 방법은 앞에 of를 넣는 것이다.

두 가지를 다 사용하면 어떨까? 한 가지만 사용하는 것보다 더 나을까? A friend **of Jake's**가 올바른가, a friend **of Jake**가 올바른가?

당장 해답을 주겠다. 둘 다 옳다. 's와 of를 동시에 사용해도 괜찮다는 말이다. Brett is an old girlfriend **of Jake's**(혹은 **of Jake**). 선택은 당신의 몫이다.
그렇지만 대명사의 경우라면 소유대명사로 바꿔야 한다. a friend **of his**가 맞고, a friend **of him**은 틀린다. She's a friend **of his** and a customer **of mine**.

시간의 소유

시간은 금이라고들 하며, 둘 다 소중하기 때문인지 소유격을 써서 표현하곤 한다. 아주 오래 전부터 영어에서는 시간이나 돈을 말할 때 습관처럼 소유격을 썼다.

After an **hour's** wait in court, Butch was given **two years'** probation for stealing **fifty dollars'** worth of change from the collection plate.

물론 소유격을 전혀 쓰지 않고도 똑같은 말을 할 수는 있다.

After waiting an hour in court, Butch was given two years of probation for stealing fifty dollars in change from the collection plate.

SINGLES' BAR일까, SINGLES BAR일까?

어떤 사람들은 아포스트로피를 굉장히 중요하게 여기고, 또 어떤 사람들은 별로 중요하게 여기지 않는다. 그래서 아이오와 대학에는 Writers' Workshop이 있는 반면, 「케니온 리뷰(The Kenyon Review)」라는 문학잡지에는 Writers Workshop이 있기도 하다.

둘 다 옳은 표기이며, 같은 뜻이다. 그렇지만 아포스트로피의 유무가 작은 차이를 보여주기는 한다. Writers'는 소유격이므로 워크숍이 거기에 참가하는 작가들의 것이라는 인상을 준다. Writers는 그저 설명하는 형용사 역할을 함으로써 워크숍의 성격이 작가들을 위한 워크숍이라는 것을 말해준다.

선택은 쓰는 사람에게 달려 있다. 그래서 우리는 **citizens'** group과 **citizens** group, **teachers'** college와 **teachers** college, **veterans'** affairs와 **veterans** affairs를 보게 되는 것이다.
그렇지만 소유의 뜻이 전혀 없다면 아포스트로피를 빼야 한다. You'll never get into the **honors** program by hanging out in **singles** bars.

MY SMOKING을 허락하시겠습니까?

이것은 소유격에 관한 문제 중에서 가장 고민되는 것 중 하나다. 하지만 일단 비법을 알면 전혀 어렵지 않다. 먼저 혼자서 해결해 보자. 다음 중 어느 것이 옳은가?

1. He resents **my going**.

2. He resents **me going**.

2번을 골랐다면 틀린 것이다. 그렇지만 자책하진 말라. 당신은 수없이 많은 사람들 중 하나일 뿐이다. 왜 많은 사람들이 틀리는지를 알기 위해서 또 다른 두 예문을 보자.

1. He resents **my departure**.

2. He resents **me departure**.

이것은 어렵지 않은 문제였으리라 생각한다. 당연히 1번이 옳다. departure는 명사이므로 그것을 수식하기 위한 대명사는 my, his, her, your 등의 소유격이어야 한다.
자, 다시 처음의 예문으로 돌아가자.

1. He resents **my going**.

2. He resents **me going**.

아직도 2번을 고르고 싶다는 생각이 든다면, 그것은 ing가 붙은 단어들이 카멜레온처럼 변화하기 때문이다. going이 go로부터 나왔듯 ing가 붙은 단어들은 동사에서 나왔으며, 흔히 동사 역할을 한다. 그렇지만 가끔은 본래 역할을 벗어나 명사 역할을 하기도 한다. 그런 경우에는 어느 모로 보나 명사로 볼 수 있는데, 앞의 예문에서 going은 명사인 departure와 동일한 역할을 하고 있다.

자, 이제 골든벨을 울릴 수 있는 문제를 내겠다. ing가 붙은 단어가 동사 역할을 하는지 명사 역할을 하는지를 어떻게 구분할까? 힌트를 주자면, ing가 들어간 단어 대신에 명사를 사용할 수 있다면 — going 대신에 departure를 쓰거나, smoking 대신에 habit을 쓰는 것과 같이 — 그 단어는 명사로 취급하면 된다. 명사 취급을 받는 단어 앞에서는 소유격(me가 아니라 my)이 사용된다. He can't stand **my** smoking.

>> **보충 설명**

앞의 설명을 통해 소유격에 관련된 가장 어려운 점들이 해결됐을 것으로 본다. 그러므로 여기서부터는 읽지 않아도 된다. 하지만 아직도 챙겨야 할 문제가 몇 가지 남아 있다. 가끔은 ing가 붙은 단어 앞에 소유격을 넣는 것이 쉽지 않을 때도 있다. 예를 들자면 한 단어가 아닌 여러 단어를 소유격으로 바꿔야 하는 경우다. 다음의 문장을 보자. Basil objects to **men and women kissing** in public. 여기에 소유격을 더하려고 한다면 men's and women's kissing이 되므로 문장이 너무 복잡해진다. 규칙을 따르는 것이 좋을지 몰라도, 규칙만 따르다가 낭패를 보는 수도 있다. 이 경우에는 소유격을 생략해도 뜻을 착각할 위험은 없으니 그대로 두어도 좋다. 그렇지만 대명사 하나만이 ing가 붙은 단어 앞에 온다면 규칙을 따라서 소유격을 써야 한다. Basil objects to **our kissing** in public.으로 써야지, Basil objects to **us kissing** in public.으로 쓰면 안 된다는 말이다.

또 하나의 문제는 소유격을 쓰면 문장의 의미가 달라지는 경우다.

Basil dislikes that **woman's wearing** shorts.
Basil dislikes that **woman wearing** shorts.

둘 다 문법적으로 맞지만 각각 다른 의미를 갖는다. 첫 문장은 Basil은 여자가 반바지를 입은 것을 싫어한다는 뜻이다. 둘째 문장은 Basil은 반바지를 입은 특정한 여자를 싫어한다는 뜻이다. 두 문장의 뜻은 다르지만 Basil이 속 좁은 사람이라는 것은 확실하다!

chapter

4

그들은 늘 반항한다

동사 길들이기

Putting Verbs in Their Place

chapter

4

동사는 문장의 핵심이자 문장이 존재하는 실질적인 이유다. 동사는 동작을 나타내기 때문이다. 만약 문장 속에 동사가 없다면 아무 일도 일어나지 않기 때문에, 수많은 명사들은 할 일 없이 우두커니 앉아 있을 것이다. 동사를 찾기는 쉽다. 그저 움직이는 부분, 그러니까 활동의 중심점이자 무슨 일이 일어나는지 설명해 주는 부분을 찾으면 된다. 동사가 문장에서 가장 관심을 끄는 부분이라는 것은 당연한 일이다.

하지만 가장 복잡한 것이 동사이기도 하다. 동사는 동작을 나타내기 때문에 다른 단어들과 달리 시간이라는 차원이 있다. 과거나 현재, 미래, 또는 다른 시간대에서 어떤 일이 일어났는지를 밝히려면 sneeze, sneezed, will sneeze, would have sneezed 등의 형태가 필요한 것이다. 게다가 동사에는 다른 차원이 하나 더 있다. I sneeze, he sneezes, they sneeze 등과 같이, 행동의 주체인 주어에 따라서도 형태가 변한다는 것이다.

동사는 문제가 생길 여지가 많다. 가장 흔히 생기는 문제는 주어와 일치하지 않는 것이다. 예를 들자면 Harry and I **was sneezing**.처럼 주어는 복수인데 동사가 단수인 경우다. 그 다음으로 자주 생기는 문제는 Yesterday she **sneezes**.처럼 시제가 틀리는 경우다.

또 소풍 때 나타나는 개미떼처럼 짜증나고 혼동되는 동사들도 있다. sit과 set, rise와 raise, lie와 lay처럼 말이다.

이런 이야기를 들으면 동사가 두려워질지도 모르지만, 알고 보면 그렇게 어렵지는 않다. 동사와 만날 때마다 하나하나 해결하다 보면 문제들이 사라질 것이다.

동사 간의 분쟁 조정

어떤 문법 규칙은 100만 년에 한 번씩 바뀔 수도 있다. 그렇지만 주어와 동사가 일치해야 한다는 규칙은 절대 바뀌지 않는다고 장담해도 좋다. Ollie **stumbles**.에서처럼 주어가 단수라면 동사 역시 단수형이어야 한다. 그리고 Stan and Ollie **stumble**.에서처럼 주어가 복수라면 동사 역시 복수형이어야 한다.

행동을 나타내는 동사가 그 행동의 주체인 주어와 맞지 않는다면, 그건 아마 주어를 잘못 찾았기 때문일 것이다. 진짜 주어를 찾는 일이 늘 쉬운 일은 아니기 때문에 그런 실수는 흔히 일어난다. 문장이 간단하다면 주어를 찾는 건 어렵지 않다. 하지만 수식어들이 잔뜩 붙은 문장을 만나면 혼란스러워지는데, 그 점은 누구나 마찬가지다. 다음 문장을 보자.

Every part of Ollie **needs** a massage.

아무 문제도 없다. 주어인 part가 단수이며 그에 따라 동사인 needs 역시 단수형이다. 자, 이제 문장을 좀 길게 늘여 보자.

Every part of Ollie—his legs, his neck, his shoulders, his feet—[**needs/need**] a massage.

동사에 가장 가까이 있는 feet가 복수형이므로 need를 고르고 싶을지도 모르겠다. 그렇지만 아무리 수식어가 붙어도 동사는 여전히 needs가 맞다. 그 이유는 주어 자체가 변한 것이 아니기 때문이다. 주어와 동사를 일치시키려면 주어를 정확히 찾아야 한다. 그러기 위해서는 머릿속에서 불필요한 수식어를 모조리 없애고 문장을 최대한 간단히 만들어야 한다. 여기에는 몇 가지 방법이 있다.

> 주어와 동사 사이에 부수적인 내용이 들어가도 동사는 변하지 않는다.
>
> Spring's glory **was** lost on Ollie.
>
> Spring's glory, with its birds and its flowers and its trees, **was** lost on Ollie.
>
> 아무리 설명이 많이 붙어도 glory라는 주어는 여전히 단수다.

> along with, as well as, in addition to, together with 등의 표현이 주어와 동사 사이에 들어가도 동사는 변하지 않는다.
>
> Spring **was** a tonic for Stan.
>
> Spring, along with a few occasional flirtations, **was** a tonic for Stan.
>
> 주어는 여전히 spring이며 단수라는 사실은 변하지 않는다.

> 추가 설명을 하는 형용사가 주어에 붙어도 동사는 변하지 않는다.
>
> A substance **was** stuck to Stan's shoe.
>
> A green, slimy, and foul-smelling substance **was** stuck to Stan's

shoe.

주어는 substance이며, 아무리 역겨운 형용사를 계속 더한다 해도 여전히 단수다.

주어가 두 부분으로 나뉠 때의 동사

가끔은 문장의 주어가 or나 nor를 포함한 2개의 명사로 이루어지는 경우도 있다. 예를 들자면 **Milk or cream** is fine, thank you. 같은 문장이 그렇다.

or나 nor 양쪽의 주어가 둘 다 단수라면 동사 역시 단수다. Neither alcohol nor tobacco **is** allowed. 둘 다 복수라면 동사 역시 복수다. Ties or cravats **are** required.

그렇지만 한쪽이 단수인데 다른 쪽은 복수라면? 그럴 때는 동사가 단수라야 할까, 아니면 복수라야 할까? Neither the eggs nor the milk [**was/were**] fresh.

답은 간단하다. 동사에 가까운 주어가 단수라면 동사도 단수다. Neither the eggs nor **the milk was** fresh. 동사에 가까운 주어가 복수라면 동사도 복수다. Neither the milk nor **the eggs were** fresh. or도 역시 either가 있건 없건 관계없이 마찬가지로 취급하면 된다. **Is the milk** or the eggs returnable? **Are** either **the eggs** or the milk returnable?

not only로 시작해서 but also로 이어지는 문장도 똑같은 방법으로 해결하면 된다. Not only the chairs but also **the table was** sold. Not only the table but also **the chairs were** sold.
nor와 or에 대해서는 171~172쪽을 참고하라.

양면성을 가진 주어

주어를 찾았는데 그 주어가 couple, total, majority, number, any, all, none처럼 단수도 되고 복수도 된다면 어떻게 해야 할까? 동사는 단수일까, 복수일까?

이렇게 결정하면 된다.
어떤 것들이 모여 있음을 나타내는 couple, total, majority, number 등의 단어들은 집단 자체를 가리킬 때는 단수이고, 집단의 각 구성원들을 가리킬 때는 복수이다. the couple, the total, the majority에서처럼 단어 앞에 the가 나온다면 대개 단수이므로 단수동사를 쓰면 된다. **The couple lives** in apartment 9A. 하지만 a couple of, a number of에서처럼 a와 of 사이에 나온 단어라면 대개 복수이므로, 동사도 복수로 쓰라. **A couple of** deadbeats live in apartment 9A.
all, any, none 등의 단어 역시 단수가 되기도 하고 복수가 되기도 한다. all of it, any of it, none of it의 뜻으로 썼다면 단수동사를 쓰라. **All** the money[all of it] **is** spent. 하지만 all of them, any of them, none of them의 뜻으로 썼다면 복수동사를 쓰라. **All** the customers[all of them] **are** gone.

이런 양면성을 지닌 단어들에 대해서는 46~49쪽에 더 자세히 나와 있다.

WHAT을 대하는 자세

양면성을 가진 단어가 또 있다. 단수도 되고 복수도 되는 what이 바로 그 주인공이다. 다음 문장을 보라.

What is going on here? **What are** your intentions, Mister?

이처럼 주어 what은 단수도 될 수 있고 복수도 될 수 있는데, what이 한 가지를 뜻한다면 is처럼 단수형 동사를 쓰고, 여러 가지를 뜻한다면 are처럼 복수형 동사를 쓰라.

그렇지만 그것을 어떻게 판단해야 할까? 다음 문장을 생각해 보자. Phyllis is wearing **what** [**look/looks**] like false eyelashes. what이 '하나'를 가리키는지 '여러 가지'를 가리키는지 판단해야 하는데, 이 경우에 false eyelashes는 복수이므로 복수동사를 쓰는 것이 맞다. Phyllis is wearing **what look** like false eyelashes.

NOTE what이 한 문장에서 2개의 동사와 연관되어 있다면, 그 동사들은 수가 일치해야 한다. 즉 둘 다 단수이거나 복수이어야지, 하나는 단수인데 다른 하나는 복수면 안 된다는 말이다. **What gives** away Phyllis's age **is** her bad knees. 이 문장에서 보면 Phyllis의 나이를 보여주는 것은 그녀의 약한 무릎 관절 딱 한 가지라는 것이다. 그렇지만 그녀에게 여러 가지 문제가 있다고 말하고 싶다면 동사는 모두 복수가 되어야 한다. **What give** away Phyllis's age **are** the knees and the facelift. what이 단수인지 복수인지에 대해서는 항상 의견이 분분하다. 그렇지만 절대 바뀌지 않는 원칙은 what이 2개의 동사와 연관되어 있다면 그 동사들의 수가 항상 일치해야 한다는 것이다.

what에 관한 더 상세한 내용은 대명사에 대해 설명한 36~37쪽에 나와있다.

THERE 길들이기

there로 시작한 문장에서는 동사가 단수와 복수 둘 다 가능하다. there is, there's, there are가 모두 가능하다는 말이다.

"**There is**[**There's**] a fly in my soup!" said Mr. LaFong. "And **there are** lumps in the gravy!"

There는 형식적인 주어라서 동사를 정하는 것이 어려울 수도 있다. 첫 번째 예문의 진짜 주어는 fly이고, 두 번째 예문의 진짜 주어는 lumps이다. 주어를 찾기 힘들다면 there를 없애고 다음과 같이 문장 순서를 바꿔 보면 된다. "A fly **is** in my soup! And lumps **are** in the gravy!"

there와 동사의 관계에 대해 더 알아보고 싶다면 159쪽을 보라. 문장을 시작하는 there에 관한 내용은 301쪽과 310~311쪽에 나와 있다.

희망 사항: I WISH I WAS일까, I WISH I WERE일까?

"Difficult do you call it, Sir?(어렵다고 했습니까?)" 사전학자인 새뮤얼 존슨이 어떤 바이올리니스트의 연주가 어려웠다고 말하는 평론가에게 말했다. “I wish it were impossible.(차라리 연주가 불가능했다면 좋았을 텐데요.)”

were라니? I wish it **was** impossible.이 아니란 말인가? 영어에서는 소망하는 바를 말할 때 특별한 형식으로 포장한다. I wish I **were** in love again.이라고 하지, I wish I **was** in love again.이라고 하지 않는 것처럼 말이다. 실제와 다른, 그저 소망일 뿐인 것을 말하는 데는 특별한 규칙이 있다.

무엇인가 소망하는 바를 말하고자 한다면(문법학자들은 이것을 ‘가정법’이라고 부른다.), 다음과 같이 was 대신 were를 쓴다.

I wish I **were** in Paris.(나는 지금 파리에 있지 않다.)
They wish he **weren’t** so obnoxious.(그는 굉장히 불쾌한 존재다.)
She wishes pizza **were** a health food.(유감스럽게도 전혀 웰빙 음식이 아니다.)
He wishes Julia **were** home more often.(줄리아는 거의 집에 있지 않다.)

IF의 미학: IF I WAS일까, IF I WERE일까?

if는 문장을 아주 딴판으로 바꿔 버린다. I **was** taller 같은 평범한 문장에 if를 넣으면 If I **were** taller라는 완전히 다른 내용이 된다.

왜 이런 일이 일어나는 걸까? 사실이 아닌 것에 대한 이야기를 하려면 특별한 문법이 필요하기 때문이다. 이렇게 사실이 아닌 상황을 말하는 경우를 문법에서는 '가정법'이라고 하며, 가정법에서 was는 were가 된다. 그래서 〈지붕 위의 바이올린〉에 나오는 아버지는 "If I was a rich man"이 아니라 "If I were a rich man"이라고 노래하는 것이다. 절이나 문장이 if로 시작되면서 사실과 반대되는 내용을 말할 때는, 다음과 같이 표현해야 한다.

If I **were** king, no one would pay retail.(나는 왕이 아니다.)
If she **were** older, she'd know better.(그녀는 나이가 덜 들었다.)
We could go shopping if it **were** Saturday.(오늘은 토요일이 아니다.)

NOTE if가 나오는 문장이라고 해서 모두 이런 범주에 들어가는 것은 아니다. 확실히 사실과 반대되는 경우에만 was가 were로 바뀌는 것이지, 실제로 진실일 수도 있는 경우라면 was는 was로 남아야 한다.

If I **was** rude, I apologize.(내가 무례했을지도 모른다.)
If she **was** there, I guess I missed her.(그녀가 그곳에 있었을지도 모른다.)
If it **was** Thursday, I must have gone to bed early.(목요일이었을지도 모른다.)

>> IF에 대해 더 알아둘 사항

if에 해당하는 앞의 규칙들이 as if나 as though가 들어가는 문장에도 적용된다.

He acts as if he **were** infallible.(그는 실수를 할 수도 있다.)
She behaves as though money **were** the problem.(돈이 문제가 아니다.)

WOULD 공략

과거에 대해 말하면서 동시에 소망하는 바를 말하는 경우 우리는 필요 이상으로 깊이 생각해서, had만 넣어도 되는데 would have를 넣으려고 든다. 다음과 같은 경우라면 간단히 had만 쓰면 된다.

틀린 문장 : I wish you **would have** called.

옳은 문장 : I wish you **had** called.

if와 함께 과거에 대해 말하는 경우에도 would have를 두 번씩 사용하는 사람이 있는데, 한 번만 써도 충분하다.

틀린 문장 : If you **would have** called, I **would have** gotten the message.

옳은 문장 : If you **had** called, I **would have** gotten the message.

요청하는 말들

가끔은 영어가 시간을 통과해 다른 차원으로 이동하곤 한다. 이럴 때 우리는 was나 were가 쓰이는 자리에 be를 대신 넣는다. 보통 때는 I **was** quiet.라고 말하면서 왜 They requested that I **be** quiet.라고 해야 하는지 궁금하게 생각한 적이 있을 것이다. 도대체 무슨 까닭일까? 영어에서는 제안이나 요청을 할 때 특별한 가정법을 쓰기 때문이다. 다음 사항을 명심하면 된다.

누군가가 뭔가를 suggest, insist, ask, request, require, demand할 때는, was나 were의 자리에 be를 사용하라.

I demand that I **be** excused.
The judge ordered that the suspect **be** tried.
Olivia insisted they **be** admitted free.
The law required that you **be** fingerprinted.

be가 어딘지 부자연스럽게 들린다면, 생략된 should를 앞에 붙여 보라.

I demand that I (should) **be** excused.
The judge ordered that the suspect (should) **be** tried.
Olivia insisted they (should) **be** admitted free.
The law required that you (should) **be** fingerprinted.

덧붙이자면, 여기에서 was나 were 대신에 be가 쓰이는 것은 마치 명령문에서 be가 쓰이는 것과 비슷하다. **Be** good! **Be** quiet! **Be** there or **be** square!

NOTE was, were와 be는 우리가 무엇인가를 권유하거나 요청할 때 가장 큰 문제를 일으킨다. 그렇지만 다른 동사들도 명령조로 쓰일 때는 '명령형'을 취해야 한다. Mom demanded that Ricky **change** his clothes. We suggest that she **get** a job. He urged that Barbra **negotiate**. Grandma insisted he **have** fruitcake. 다시 말하지만, 이것이 어색하게 들린다면 should를 동사 앞에 붙여 보라. Grandma insisted he (should) **have** fruitcake.

메이데이! MAYDAY!

may와 might를 자주 헷갈리는 사람들 모임이 있다면, 아마 내가 회장이 될 것이다. 거기다 부회장, 총무, 서기까지 다 맡아도 될 듯하다. 나는 글을 쓸 때면 항상 프로그램의 찾기 기능을 사용해 내가 쓴 모든 may를 찾아본다. might로 고치지 않아서 틀리는 경우가 너무도 많기 때문이다.

may가 maybe의 어원이라는 사실을 상기해 보면 그 용도를 좀 더 쉽게 알 수 있다. may는 다른 동사와 연결돼 어떤 일이 일어날 가능성을 나타낸다. happen이라는 동사를 예로 들어 보자. 만약 우리가 어떤 일이 may happen이라고 말한다면, 우리는 그 일이 일어날 가능성이 있거나 개연성이 있다고 말하는 것이다.

might는 may보다 조금 어감이 약하다. 어떤 일이 might happen이라면 그 일은 may happen보다 일어날 가능성이 낮다. 따라서 I **may** get a raise.가 I **might** get a raise.보다는 희망적으로 들린다.

사전을 찾아보면 might가 may의 과거형이 될 수 있다고 나와 있지만, 둘 다 현재형으로 쓰일 수도 있고(She **may** break a leg.; She **might** break a leg.) 둘 다 과거형으로도 쓰일 수도 있다(She **may** have broken a leg.; She **might** have broken a leg.). may를 쓰느냐 might를 쓰느냐는 가능성의 정도에 달려 있고, 무엇을 선택하느냐에 따라 그 의미가 딴판으로 달라질 수 있다.
A bulletproof vest **may** have saved him.이라고 쓴다면 그가

살았다는 뜻이다. A bulletproof vest **might** have saved him.에는 그가 살아남지 못했다는 뜻이 담겨 있다.

이런 규칙에도 예외가 있기 때문에 찾기 기능이 있다는 사실에 감사할 수밖에 없다. 문장 속에 다른 과거형 동사가 있다면 might를 쓰라. She thought[과거형] she **might** have broken a leg. Eloise was[과거형] afraid they **might** lose everything. Frank said[과거형] he **might** leave early. 151쪽도 참고하라.

ONE OF THOSE THINGS의 동사는?

One of the things that drives us crazy일까, One of the things that drive us crazy일까? 다시 말해 one of the, one of those, one of these 등과 함께 쓰이는 동사는 단수형과 복수형 중 어떤 형태가 옳을까? 간단히 답하자면 이렇다.

> that이나 who가 동사 앞에 온다면 복수형이 되어야 한다.
He's one of the authors who **say** it best.

> 그렇지 않은 경우라면 단수형이다.
One of the authors **says** it best.

첫 번째 예문에서 say의 주어는 one이 아니라 who이며, 이것은 authors를 가리키므로 복수다. 두 번째 예문에서 say의 주어는 one이 맞다. 내 말이 미심쩍다면 문장 순서를 바꿔 보라. 그러면 바른 동사를 찾을 수 있을 것이다. Of the authors who **say** it best, he is one. Of the authors, one **says** it best.

NEVER를 쓸 때

동사들은 참 불쌍한데, 그 이유는 우리가 가끔 동사를 지나치게 생략하기 때문이다. never have and never will이 들어간 문장이라면 그 끝은 불행할 수밖에 없다. have, will과 함께 동시에 쓸 수 있는 동사가 거의 없어서 문장을 올바로 마무리 지을 길이 없기 때문이다.

다음 문장이 바로 그런 문장이다. They **never have and never will** forget Paris. 하고 싶었던 말은 아마 They **never have forgotten** and **never will forget** Paris.일 것이다. 그런데 앞의 문장은 사실 They **never have [forget]** and **never will forget** Paris.라고 말한 셈이다. 잘못된 생략으로 인해 뭔가 불편한 느낌이 들지 않는가? 이런 문제는 같은 동사를 have와 will에 동시에 사용하려고 했기 때문이다. 똑같은 문제를 일으키는 것으로 always have and always will도 있다.

I **never could forget** and **never would forget** Paris.의 forget처럼 똑같은 형태의 동사가 두 번 반복된 경우에만 중복을 피하기 위해서 앞에 나온 동사를 생략할 수 있다. I **never could** and **never would** forget Paris.

NOTE 똑같은 동사를 여러 번 사용함으로써 반복적으로 들릴 것이 우려된다면,

나중에 오는 동사를 생략하라. They **never have** forgotten Paris and **never will**. 생략된 forget paris는 이제 문장 끝에 걸렸으며, 없어도 상관이 없다.

IZE가 붙은 동사는 정당할까?

수세기 동안 우리는 명사나 형용사에 ize만을 덧붙임으로써 쉽게 동사를 만들었다. 예를 들면 명사 demon을 demonize로, 형용사 brutal을 brutalize로 만들어 동사로 사용했던 것이다. 고대 그리스인들에게서 비롯된 이 아이디어는 우리에게 ize(영국식으로는 ise)가 붙은 agonize, burglarize, fantasize, mesmerize, pasteurize, pulverize 등의 유용한 단어들을 만들어 주었다. ize를 단어의 끝에 붙이는 것은 un이나 pre를 단어의 앞에 붙이는 것처럼 합당한 일이다.

그러나 지나치면 오히려 부족한 것만 못한데, ize는 너무 남용되고 있다. 동사는 역동적이어야 하는데, 획일적으로 ize를 붙여서 만든다면 생기를 잃게 된다. 다행히도 최근 생겨난 credibilize, permanentize, respectabilize, uniformize 등의 신조어들은 인기를 얻지 못했다. 그렇지만 마찬가지로 활력이 없는 colorize, prioritize, finalize 같은 단어들은 널리 받아들여졌기 때문에 앞으로 자주 보게 될 듯하다.

ize로 끝나는 동사는 다음 두 가지에 주의해야 한다.

> ize가 붙은 새로운 단어들을 만들어 내지 말라.

> ize가 붙은 최근의 신조어도 내키지 않는다면 쓰지 말라. 모른 척하다 보면 없어질 수도 있다.

>> 부정사에 대하여

많은 사람들이 부정사, 즉 앞에 to가 오는 동사를 잘못 사용하고 있다. anxious를 예로 들어 보자. 당신은 anxious to go한가, 아니면 anxious about going한가? anxious to go를 골랐다면 당신은 문법에 대해 anxious about해야 한다. 부정사가 뒤따라 나오면 안 되는 단어들을 정리해 보았다.

anxious

I was **anxious about going.**이라고 써야지 I was anxious to go.라고 쓰면 안 된다. 부정사를 쓰고 싶다면 대신 eager를 사용하라. I was **eager to go**. anxious와 eager에 대해 더 알고 싶다면 130쪽을 참고하라.

convince

We were **convinced that** we should go.로 써야지, We were convinced to go.로 쓰면 안 된다. 부정사를 쓰고 싶다면 대신 persuade를 사용하라. We were **persuaded to go**. convince와 persuade에 대해서는 137쪽을 참고하라.

prevent

We **prevented** him **from going.**이라고 써야지 We prevented him to go.라고 쓰면 안 된다. 부정사를 쓰고 싶다면 대신 did not permit를 사용하라. We **did not permit** him **to go**. We **prevented** his going.이라고 해도 된다.

prohibit

She was **prohibited from** going.이라고 써야지 She was prohibited to go.라고 쓰면 안 된다. 부정사를 쓰고 싶다면 대신 forbid를 사용하라. She was **forbidden to go**. forbid와 prohibit에 대해 좀 더 알아보려면 163쪽과 165~166쪽을 참고하라.

비슷해 보이는 단어들

lie와 lay를 혼동하지 않는 사람이 있을까? sit, set, sat은? rise나 raise는? 창피할 것 없다. 물론 이 단어들을 모두 다 외워 둘 수도 있다. 혹은 걱정을 미뤄 두고 침착하게 상황에 맞춰 답을 찾아봐도 된다.

어떤 변화형이 있는지 한눈에 살펴보자.

lie(눕다) : She **lies** quietly. Last night, she **lay** quietly. For years, she **has lain** quietly.

lie(거짓말하다) : He **lies**. Yesterday he **lied**. Frequently he **has lied**.

lay(놓다) : She **lays** it there. Yesterday she **laid** it there. Many times she **has laid** it there. lay가 '놓다'의 뜻을 가진 경우에는

항상 목적어가 뒤따른다.

sit(앉다) : I **sit**. I **sat** last week. I **have sat** many times.

set(놓다) : He **sets** it there. He **set** it there yesterday. He **has set** it there frequently. set가 '놓다'의 뜻을 가진 경우에는 항상 목적어가 뒤따른다.

rise(올라가다/일어나다) : You **rise**. You **rose** at seven. You **have risen** even earlier.

raise(기르다) : I **raise** it. I **raised** it last year. I **have raised** it several times. raise에는 기르는 대상인 목적어가 항상 뒤따른다.

TTED와 DDED의 행방불명

t나 d로 끝나는 많은 동사들의 과거형에 붙이던 단어 끝의 ed는 거의 사라졌다. 한때 우리는 Mr. Pecksniff **quitted** the firm, **betted** on the horses, and **wetted** his whistle, then **wedded** his sweetheart in a suit that **fitted** him perfectly. 식으로 말했었다. 그리고 영국에서는 여전히 그렇게 말한다. 하지만 지금 미국식 영어에서는 더 간결한 quit, bet, wet, wed, fit을 더 자주 쓴다. 따라서 미국에서는 Mr. Pecksniff **quit** the firm, **bet** on the horses, and **wet** his whistle, then **wed** his sweetheart in a suit that **fit** him perfectly.라고 한다.

우리는 지금도 wedded를 쓰지만, 사람이나 사물을 설명하는 형용사로만 사용한다. **Wedded** life is a thrill a minute.

fitted 또한 a fitted sheet, a fitted suit처럼 형용사로 쓴다. 또 fitted는 옷을 맞추는 사람에게 쓰기도 하는 말이다. Alice was **fitted** for a new dress. 하지만 옷을 다 맞춰 입었다면 When it was finished, the dress **fit** like a glove.라고 말할 것이다.

ED나 T가 붙는 과거형

우유를 쏟았다면 spilled일까, spilt일까? 토스트를 태웠다면 burned인가, burnt인가? 사실 모두 옳은 표현이다.

대부분의 영어 동사들은 끝에 d나 ed를 붙이는 익숙한 방법으로 과거형을 만든다. 예를 들자면 sneeze의 과거형은 sneezed이다. 그렇지만 t로만 끝나는 과거형도 존재한다. on bended knee라고 쓰는 경우를 제외한 bent와, crept, dealt, felt, kept, left, lost, meant, slept, spent, swept, wept 등이 그렇다.

그러나 spill이나 burn 같은 동사들은 ed가 붙은 과거형과 t가 붙은 과거형을 둘 다 쓸 수 있다. 미국식 영어에서는 ed가 더 자주 쓰이고 영국식 영어에서는 t가 더 빈번하게 쓰이기는 하지만, 둘 다 맞는 형태이기 때문에 개인이 선택하기 나름이다. 다음 단어들에서 앞의 것은 내가 주로 쓰는 형태이고 괄호 안의 것은 영국에서 많이 쓰이는 형태이다. bereaved(bereft), burned(burnt), dreamed(dreamt), dwelt(dwelled), knelt(kneeled), leaped(leapt), learned(learnt), smelled(smelt), spelled(spelt), spilled(spilt), spoiled(spoilt).

잠에서 깨어나려면?

잠에서 깨어났다면 woken인가, waked인가? 때로는 아침에 일어나기가 어려운 날이 있는데, 만약 이 문제로 밤새 고민했기 때문이라면 그럴 필요가 없다. 둘 다 옳기 때문이다. 영국식인 have woken은 한때 미국에서는 거의 쓰이지 않았다. 하지만 이제는 have woken도 have waked만큼이나 자주 쓰인다.

wake의 공식적인 변형 형태들은 wake, woke(혹은 waked), have woken(혹은 have waked)이다. 다음 예문들을 보자. I usually **wake** at seven. Yesterday, I **woke**(혹은 **waked**) at nine. In the past, I **have woken**(혹은 **have waked**) as early as five. 덧붙이자면, 다음 문장처럼 wake의 모든 변형 형태들에 up을 붙여 사용할 수 있다. **Wake up** and smell the coffee!

당신이 나와 비슷한 사람이어서 have woken이나 have waked가 이상하게 들린다면, have wakened 혹은 have awakened를 사용해 보라. wakened는 waken의 과거형이고 awakened는 awaken의 과거형이다.

아침을 맞이하는 방법은 무수히 많다. 당신은 wake할 수도 있고, waken할 수도 있고, awake할 수도 있고, awaken할 수도 있다. 그러니까 고민하지 말고 하나를 골라서 일어나기만 하면 된다.

USED TO

어떤 사람이 과거에 무엇인가를 했다고 표현할 때 he used to라고 말할 수 있다. Andre used to have a great lob.

그렇다면 의문문이나 부정문에서도 그렇게 쓸 수 있을까? 다음 중 옳은 것을 골라 보자.

Did Andre [**use/used**] to have a great lob?
Andre didn't [**use/used**] to have a great lob.

정답은 두 경우 모두 use이다. 왜 그럴까? 그것은 마치 did walk가 walked를 다르게 표현한 것이듯이, did use가 used를 다르게 표현한 것이기 때문이다. did walked라고 쓰지는 않는다. 그렇다면 did used 라고도 쓰지 말라.

NOTE 영국식 영어에서는 used to를 다르게 쓰기도 한다. 의문문이나 부정문에서 did를 쓰는 대신, **Used** Andre to have a great lob? Andre **usedn't** to have a great lob.이라고 쓰는 것이다. 하지만 당신이 런던으로 여행을 떠날 계획이 없다면, 이런 표현은 잊어버려도 좋다.

HUNG에 익숙해지기

hung이 항상 틀리다는 말은 아니다. 나는 벽면을 묘사하면서 'hanged with handsome black-and-white photographs'라고 쓴 어느 잡지 기자에게 이 얘기를 꼭 해 주고 싶다.

hung과 hanged라는 두 과거형 모두 수백 년 동안 사용되었지만, 16세기 이후로는 교수형을 의미할 때만 hanged를 쓰고 그 외의 의미에는 hung을 쓰고 있다.

따라서 교수형의 경우만 빼고는 hang의 과거형으로 hung을 쓰도록 하자. He **hung** around. They **have hung** around. 그리고 hung pictures, hung loose, hung out, hung laundry, hung up에서도 hung을 사용한다.

위와 같은 경우에 hanged를 쓰는 사람이 있다면 그 사람이야말로 어딘가에 매달아야 한다.

THAT은 THAT이다

세상에는 두 부류의 편집자가 있다. that을 최대한 넣는 편집자와 that을 최대한 없애는 편집자.
둘 다 잘못된 편집자들이다.

내 귀에는 think, say, hope, believe, find, feel, wish 등의 동사들은

that과 함께 쓰여야 자연스럽게 들린다. Carmela believed [**that**] Tony was unfaithful. 물론 당신은 that이 들어간 것을 선호할 수도 있고, 그러지 않을 수도 있다. 그것은 순전히 취향의 문제이므로 어떻게 쓰든 관계없다.

어떤 작가나 편집자들은 논리적으로 that이 동사 뒤에 올 수 있다면 that을 써야 한다고 믿는다. 반대로 논리적으로 that을 생략할 수 있다면 that을 빼야 한다고 믿는 사람들도 있다. 당신이 좋다고 생각하면 쓰고 아니라면 쓰지 말라. 그러나 다음의 경우에는 that을 써야만 문장의 의미를 제대로 전달할 수 있다.

> 동사 뒤에 시간을 나타내는 요소가 나올 때: Junior said on Friday he would pay up. 이 문장은 Junior said **that** on Friday he would pay up. 혹은 Junior said on Friday **that** he would pay up.으로 해석된다. 따라서 that을 넣어야 의미가 분명해진다.
> 문장의 요지가 나중에 나올 때: Johnny found the old violin hidden in a trunk in his attic wasn't a real Stradivarius. 더 명료하게 고친다면, Johnny found **that** the old violin hidden in a trunk in his attic wasn't a real Stradivarius.가 된다. 이렇게 하지 않는다면 Johnny가 바이올린을 찾은 것이 요지가 아니라는 것을 문장 끝에 가서야 알아챌 수 있다.
> 2개의 동사가 본동사 뒤에 올 때: Silvio thinks the idea stinks and Paulie does too. 도대체 Silvio가 생각하는 것은 정확히 무엇인가? 만약 Silvio thinks **that** the idea stinks and **that**

Paulie does too.라면 Silvio는 Paulie의 생각까지 짐작한다는 뜻이다. 그렇지만 Silvio thinks **that** the idea stinks, and Paulie does too.라면 Paulie도 Silvio처럼 생각한다는 뜻이다. that이나 콤마를 넣어 줌으로써 누가 무엇을 생각하는지 명확히 보여줄 수 있다.

나눔의 미학

많은 사람들이 동사를 특별한 것으로 여기기 때문에, had gone이나 would go처럼 여러 요소로 이루어진 동사는 절대 분리하면 안 된다고 생각하는 듯하다. 어쩌면 finally와 같은 단어를 그 사이에 끼워 넣어서 had finally gone이나 would finally go처럼 썼다가 핀잔을 들은 사람도 있을 것이다. 사실 전혀 틀린 게 아닌데도 말이다.

finally처럼 동사를 수식하는 부사의 가장 적절한 위치는 설명되는 동작의 바로 앞이다. 앞의 예에서처럼 go나 gone 앞에 넣는 것이 맞다는 말이다. 부사를 넣기 위해 have와 gone을 떼어 놓더라도 아무 문제가 없다. The goombahs **have finally gone**. 만약 동사를 나누기 싫다면 The goombahs **finally have gone**.처럼 앞에 쓰거나 The goombahs **have gone finally**.처럼 뒤에 써도 문제는 없다. 하지만 불편함을 느끼면서까지 동사를 한 덩어리로 쓸 필요는 없다. 부사는 그것이 수식하는 동사 바로 앞에서 가장 큰 효력을 발휘한다는 사실을 명심하자.

동사구를 나누면 안 된다는 잘못된 강박증은 to finally go와 같은 분리 부정사에 대한 오래된 금기에서 비롯된 것이다. 없어진 규칙들에 관한 부분에 이 문제에 대한 자세한 내용과 기원이 설명되어 있다. 297~299쪽과 302쪽을 보라.

>> IS의 고민

is는 참 대단한 단어다. 너무 대단해서 어떤 사람들은 is를 질리도록 사용한다. 조심성이 부족한 사람들은 문장을 "The trouble is...", "The thing is...", "The point is..." 등으로 시작하면서 is를 너무 자주 쓴다.
문제는 같은 말을 쓸데없이 반복한다는 것이다. 사람들은 그런 표현들을 아무런 문법적 의미 없이 그저 목을 가다듬기 위해 사용하여, 문장을 제대로 시작하기도 전에 불필요하게 is를 쓴다. 그 결과 이런 문장이 생긴다. The problem is, is that they repeat themselves.
그런 표현들로 시작할 때는 반드시 명심하자. is는 하나면 충분하다.

WILL이냐 SHALL이냐, 그것이 문제로다

조지 워싱턴이 살았던 시절, 영국과 미국의 어린이들은 어떤 경우에는 꼭 will 대신 shall을 써야 한다는 훈계를 받곤 했다. 왜 그랬는지는 묻지 말라! 그 후 세월이 흘렀고, 이제 미국인들은 shall을 거의 없애고 will을 집중적으로 사용한다. 영국의 일부 지역에서는 여전히 shall이 쓰이지만, 요즘은 영국인들조차도 자주 쓰지 않는다.

미국식에서도 shall이 사용되기는 하지만 극소수 분야에 국한된다. This lease **shall** commence on January 1. 같은 법조문과, We **shall** overcome. 같은 고상한 문체의 경우다. 그리고 I나 we가 들어간 **Shall** we dance, or **shall** I fill your glass? 같은 문장에서처럼 상대의 의사를 묻기 위한 경우에도 쓰인다.

shall은 시대에 뒤떨어진 규칙을 설명하는 장에서 '좀비'들 중의 하나로 다시 등장한다. 306쪽을 보라.

놀라운 단축형

단축형은 보통 don't나 I'm과 같이 두 단어가 하나로 합쳐진 것으로, 영어 교사들로부터 구박을 많이 받는다. 그것들은 틀리지 않았는데도 너무 구어체나 사투리 같다며 저급한 취급을 받는다. 그렇지만 이러한 지적에도 불구하고 단축형은 매일같이 거의 모든 사람에 의해 수백 년이나 쓰여 왔다. 요즘에는 없어진 고어의 shan't(shall not), 'tis(it is), 'twas(it was), 'twill(it will), 'twould(it would), 'twon't(it will not) 등이 바로 단축형의 역사적 증거다.

오늘날의 단축형은 주로 동사에 주어 혹은 not이 결합된 형태이다.

그리고 아포스트로피를 통해 생략된 글자들의 위치도 알 수 있다. 254쪽을 참고하라.

이제 단축형도 떳떳하다고 인정할 때가 되지 않았을까? 단축형은 언어를 평가할 때 호의적 요소인 편리함과 간략함, 경제성을 갖고 있고, 누구나 그 뜻을 알고 있다. 단축형이 없어질 일도 없으니 조금 더 존중해 주는 것은 어떨까? 존중받아 마땅한 단축형들과 그렇지 않은 단축형들을 정리해 본다.

사용할 수 있는 단축형들

aren't / are not

can't / cannot

couldn't / could not

didn't / did not

doesn't / does not

don't / do not

hadn't / had not

hasn't / has not

haven't / have not

he'd / he would; he had

he'll / he will

here's / here is

he's / he is; he has

I'd / I would; I had

I'll / I will

I'm / I am

I've / I have

isn't / is not

it'll / it will

it's / it is; it has

let's / let us

mightn't / might not

mustn't / must not

oughtn't / ought not

she'd / she would; she had

she'll / she will

she's / she is; she has

shouldn't / should not

that's / that is; that has

there's / there is; there has

they'd / they would; they had

they'll / they will

they're / they are

they've / they have

wasn't / was not

we'd / we would; we had

we'll / we will

we're / we are

we've / we have

weren't / were not

what'll / what will

what're / what are

what's / what is; what has

what've / what have

where's / where is; where has

who'd / who would; who had

who'll / who will

who's / who is; who has

who've / who have

won't / will not

wouldn't / would not

you'd / you would; you had

you'll / you will

you're / you are

you've / you have

사용하지 말아야 할 단축형들

ain't: 결코 옳지 않고, 앞으로 옳게 될 일도 없는 표현이다. 현실을 받아들이라. 당신도 유행에 뒤지지 않았다는 것을 보여주기 위해 Now, **ain't** that a shame!이라고 말하고 싶다면, 그것이 틀렸다는 것을 당신이 알고 있다는 점도 분명히 하라.

could've, should've, would've, might've, must've: 이런 표현들은 잘못된 발음을 부추기기 때문에 글에서는 쓰지 않는 것이 좋다. could of, should of, would of, might of, must of처럼 발음되며, 심지어는 coulda, shoulda, woulda, mighta, musta처럼 발음되기도 하는 것이다. have의 h를 묵음처럼 발음하는 것은 괜찮지만, have가 있었다는 사실조차 잊어버리면 안 된다. 그러므로 차라리 줄이지 말고 다 쓰라.

gonna, gotta, wanna: 이 세 가지 표현은 글에서는 수준 이하의 영어일 뿐이다. 여동생과 전화하고 있는 것이 아니라면 going to, got to, want to로 풀어 쓰라.

how'd, how'll, how're, when'll, when're, when's, where'd, where'll, where're, why'd, why're, why's: how, when, where, why가 들어간 단축형의 사용은 최대한 피하라. 단 where's만은 전통적으로 용납된다. 우리가 **How'm** I supposed to pay for this? 라고 말하기는 하지만, 글로 쓰지는 말라.

it'd, that'd, there'd, this'd, what'd: 끝에 'd가 붙으면서 유난히 무거운 소리를 내는 음절이 더해진 것이 느껴지는가? 글로 써도 거추장스럽기는 마찬가지다. 'd가 붙는 단축형은 가볍게 시작하는 I, you, he, she, we, they, who에만 한정하자.

that'll, that're, that've, there'll, there're, there've, this'll, who're: 윽! 이런 단축형들은 대화에서는 괜찮을지 몰라도 글에서는 아직 받아들일 준비가 안 된 것들이다. 나도 말을 할 때는 that'll을

쓰기도 하지만, 글에서는 절대 쓰지 않는다.

>> 긴장되는 시제 문제

문장마다 하나의 동사만을 쓴다면 과거, 현재, 미래 등의 시제를 고르는 데 별 어려움이 없을 것이다. They **waltzed**. He **tangos**. She **will polka**. 그러나 대부분의 문장들은 여러 동작을 포함하고 있으며, 그 동작들은 각각 다른 동사를 쓰고 각각 다른 시점에 일어난다. 그런 동사들을 목걸이의 구슬처럼 한꺼번에 꿰어서 쓸 수는 없기 때문에, 계획을 철저히 세워야 한다.

대부분의 문장에서 우리는 동사에 크게 신경을 쓰지 않고, 실제로 그럴 필요도 없다. 모든 동작이 비슷한 시기에 일어난다면 같은 시제로 보고 순서를 정해서 말하면 된다. On Sundays, Elaine **rises** at seven, **makes** tea, **showers**, and **goes** back to bed. Last Sunday, Elaine **rose** at seven, **made** tea, **showered**, and **went** back to bed.

하지만 서로 다른 일들이 분명히 서로 다른 시점에 일어난다면 문장이 복잡해진다. Elaine **says** she **made** tea last Sunday, but she **will make** coffee next week.

이런 문제는 대부분 상식선에서 해결이 가능하다. 그렇지만 여러 동사의 시제를 일치시키기가 쉽지 않은 경우도 있다. 그런 까다로운 경우에 대해서는 110~114쪽을 참고하라.

WILL인가 WOULD인가

will과 would 중 무엇을 선택할지 늘 고민하는가? 다음 문장에서 어느 것이 맞는지 일단 골라 보자. Dudley said he [**will/would**] make waffles for breakfast.

요령은 첫 번째 동사인 said를 따르는 것이다. said가 과거형이므로 would를 쓰면 된다. Dudley **said** he **would** make waffles for breakfast. 만약 첫 번째 동사가 says라면 현재형이므로 will을 쓰면 된다. Dudley **says** he **will** make waffles for breakfast.

다음 경우에는 3개의 동사가 있지만, 똑같은 규칙을 적용시키면 된다. Dudley **thought** that if he [**eats/ate**] one waffle, he [**will/would**] want another.

첫 번째 동사 thought가 과거형이므로 과거형인 ate와 would를 쓰면 된다. Dudley **thought** that if he **ate** one waffle, he **would** want another. 만약 첫 번째 동사가 현재형인 thinks라면 나머지는 eats와 will이 될 것이다. Dudley **thinks** that if he **eats** one waffle, he **will** want another.

NOTE 간혹 had를 써야 할 자리에 would have를 잘못 쓰는 경우가 있다. 특히 wish나 if가 들어간 문장에서 그렇다. 88쪽을 보라.

균형이 필요한 IF

if를 작은 저울이라 생각해 보자. 문장에 if가 들어 있다면 동사들의 균형이 맞아야 한다. if가 들어 있는 쪽이 현재형이라면 다른 쪽에는 will이 들어가야 하며, if가 들어 있는 쪽이 과거형이라면 다른 쪽에는 would가 들어가야 한다.

If he **shops**(현재형) alone, he **will spend** too much.
If he **shopped**(과거형) alone, he **would spend** too much.

저울의 균형을 맞추는 일은 시제가 복잡해질수록 더 힘들어진다. if가 들어 있는 쪽에 has나 have를 가진 복합시제가 있다면 다른 쪽에는 will have가 필요하다. 마찬가지로 if가 들어 있는 쪽에 had가 있다면 다른 쪽에는 would have가 와야 한다.

If he **has shopped** alone, he **will have spent** too much.
If he **had shopped** alone, he **would have spent** too much.

if 부분이 반드시 먼저 나와야 하는 것은 아니지만, 저울의 균형은 언제나 유지되어야 한다. He **will spend** too much if he **shops** alone. He **would spend** too much if he **shopped** alone.

NOTE had를 써야 할 자리에 would have가 슬쩍 들어오지 않도록 주의하라. 88쪽의 내용을 참고하라.

AFTER 뒤의 동사

어떤 사람들은 한 문장에 여러 동작이 연달아 나오면 긴장하곤 한다. 혹시 당신도 그런 사람인지 시험해 보자. 다음 중 어느 것이 옳을까?

I will start dinner after the guests [**arrive/have arrived**].
I started dinner after the guests [**arrived/had arrived**].

더 간단한 것을 골랐다면 올바른 선택을 한 것이다. I will start dinner after the guests **arrive**.와 I started dinner after the guests **arrived**.가 정답이다. 왜 쉬운 선택을 어렵게 하려 하는가?

주절의 시제가 무엇이든 얼마나 복잡하든 간에, after 뒤에 오는 동사는 단순 현재형(arrive)이나 단순 과거형(arrived)으로 써야 한다.

문장의 주 동작이 현재형이나 미래형일 경우, after 뒤에 오는 동사는 단순 현재형이다.

I start dinner after the guests **arrive**. I will have started dinner after the guests **arrive**.

문장의 주 동작이 과거형일 경우, after 뒤에 오는 동사는 단순 과거형이다.

I would have started dinner after the guests **arrived**.

문장 순서가 바뀌어서 after가 들어간 부분이 먼저 온다 해도 규칙은 변하지 않는다. After the guests **arrive**, I will have started dinner.

가끔은 가장 간단한 해결책이 최선이다. 이제부터 그것을 명심하고 모든 동사들을 편안한 마음으로 대하길 바란다.

HAVE를 쓸 것인가, 말 것인가?

have는 유용한 단어지만 종종 남용되기도 한다.
다음 중 어느 것이 옳을까?

I would have liked **to go**./I would have liked **to have gone**.

첫 번째 문장이 맞다. have는 하나만 있어도 충분하며, 문장의 앞쪽이나 뒤쪽에 선택적으로 올 수 있다. I would **have** liked to go.도 옳고, I would like to **have** gone.도 옳다.

have가 하나만 들어갔는데도 지나친 경우를 소개해 보겠다.

틀린 문장 : Two years ago, Whiskers was the first cat **to have googled** on his own smartphone.
옳은 문장 : Two years ago, Whiskers was the first cat **to google** on his own smartphone.

have는 과거의 다른 두 시점을 말할 때만 쓰는 것이다. Until last year, Whiskers was the only cat **to have googled** on his own smartphone. 이 개념이 어렵게 들린다면 이렇게 생각해 보라. 한 시점은 작년이고 다른 시점은 작년 이전의 어느 기간이다.

have의 미묘한 어감에 대해 좀 더 설명할 수도 있지만, 벌써 질렸을지도 모르니 여기서 줄이겠다.

chapter

5

단어의 오용

멸종 위기에 처한 단어들

Words on the Endangered List

chapter

5

언어에서 단어가 살아남고 죽는 과정은 전쟁과 마찬가지다. 어떤 단어는 수백 년 동안 잘 버티다가도 갑자기 뜻이 바뀌어, 원래의 뜻은 오용의 희생자가 된다. unique가 그런 좋은 예인데, 원래는 '유일한' 이라는 뜻이었지만 이제는 그저 '특이한' 정도로 전락해 버렸다.

그런 희생양 외에 내가 '헷갈리는 한 쌍'이라고 부르는 단어들도 있다. 늘 혼동되는 비슷한 단어나 구절들인데, affect와 effect가 대표적인 예다. 또한 irregardless처럼 너무 심하게 형태가 바뀌어서 제대로 된 단어로 볼 수 없는 것들도 있다.

명심해야 할 것은, 언어는 계속 변하기 때문에 오늘날의 엉뚱한 형태가 미래의 유행어가 될 수도 있다는 사실이다. 157쪽에 나오는 snuck이라는 단어를 참고하라. 사전을 만드는 사람들조차 올바른 용법의 기준을 끊임없이 바꾸고 있다. 그들이 하는 일은 좋든 나쁘든 특정 시대에 쓰이는 언어를 다 보여주는 것이다. 그래서 irregardless 처럼 한때는 수준 이하이거나 문맹들이 쓰는 단어로 취급받던 것이, 많은 사람들이 사용한다면 언젠가 사전에 등장할 수도 있다. 하지만 흔히 쓰인다고 해서 항상 올바른 것은 아니다.

그렇다면 판단력을 갖춘 사람이 해야 할 일은 무엇일까? 남용되고 오용되는 단어와 구절을 좀 더 꼼꼼히 살펴보는 것이다. 전문가들 사이에서도 의견이 분분한 경우가 있지만, 최상의 용례와 지각있는 지식인들이 좋은 영어의 기준으로 여기는 것들을 다음과 같이 정리해 보았다.

이 단어들의 의미는?

decimate

누가 문법책에는 섹스와 폭력이 나오지 않는다고 했는가? decimate는 원래 '10명에 1명씩 제비를 뽑아 죽이다'라는 뜻이었다. 하지만 최근에는 그렇게 문자 그대로 쓰이지 않고 더 느슨하게 '일부분을 파괴하다'라는 뜻으로 쓰인다. Gomez says the mushroom crop in the cellar has been **decimated** by rats.는 괜찮지만, '완전히 파괴하다'라는 뜻으로 쓰면 안 된다. 그리고 The earthquake **decimated** seventy-five percent of Morticia's antiques.처럼 수치와 함께 말하는 실수는 절대 저지르지 말라.

diagnose

엄밀히 따지자면 질병을 diagnose하는 것이지 환자를 diagnose하는 것이 아니다. Miss Mapp's rash was **diagnosed** as poison ivy.는 맞지만 Miss Mapp was **diagnosed** with poison ivy.는 틀리다.

dilemma

이 단어가 의미하는 문제는 평범한 문제가 아니다. 그리스어에서 '둘'을 뜻하는 di는 이 단어에 양면이 있다는 것을 보여준다. dilemma는 두 가지 이상의 선택 대상이 있지만 어느 선택도 바람직하지 않은 경우를 가리킨다. horns of a dilemma는 그런 개념을 잘 나타내는 표현이라 할 수 있겠다. 다음 문장은 dilemma의 좋은 용례이다. Richie faced a **dilemma**: he could wear the green checked suit with the gravy stain, or the blue one with the hole. dilemma에는

m이 2개라는 것을 꼭 기억하자.

eclectic

이 단어는 '식별력 있는' 혹은 '세련된'이라는 뜻으로 잘못 쓰이지만, 사실은 '여러 곳으로부터 얻어진'이라는 뜻이다. Sherman has an **eclectic** assortment of mud-wresting memorabilia.

effete

예로부터 effete는 '메마른', '몹시 지친', '닳은'이라는 뜻으로 쓰여 왔다. Frasier considers Abstract Expressionism a tired, **effete** art form. 하지만 요즘에는 '여성스러운' 혹은 '지나치게 정돈된'의 뜻으로 사용하는 경우가 많다. 뜻이 분명한 경우가 아니라면 쓰지 않는 것이 좋다.

enervating

이 단어는 에너지가 솟는다는 뜻이 아니다. 그와는 정반대로 에너지가 바닥난다는 뜻이다. Frasier's date found his conversation **enervating**.

enormity

이 단어를 enormousness와 혼동하면 안 된다. 왜냐하면 enormity는 단순히 크기의 문제가 아니기 때문이다. enormity는 굉장히 악하거나, 무시무시하거나, 충격적인 것을 가리킬 때 쓴다. Sleepy little Liechtenstein was shocked by the **enormity** of the crime.

fortuitous

이 단어는 절대 '운이 좋은'이라는 뜻이 아니다. fortuitous는 아주 형식적인 표현으로 '우연한'이라는 뜻이다. It was entirely **fortuitous** that Ralph bought a filly instead of a colt. 그렇지만 잘못 쓰이는 뜻과 본래의 뜻이 뒤섞여 대부분의 사전에서는 이제 '행복한 우연'이라는 복합적인 뜻도 담고 있다. Pie-O-My was a **fortuitous** choice. 따라서 오해를 막으려면, 불행한 우연을 나타낼 때는 fortuitous 말고 다른 단어를 쓰는 것이 좋다.

fulsome

원래 이 단어의 뜻은 단순히 '풍부한'이 아니라 '역겨울 정도로 지나친', '심하게 아첨하는', '진심이 담겨 있지 않은'이다. Eddie's cloying and **fulsome** speeches got on Mrs. Cleaver's nerves. 그러나 많은 사람들이 fulsome의 뜻을 '가득 찬'으로 잘못 생각한다. 오해를 받지 않으려면 다른 단어를 쓰는 것이 낫다. 207~208쪽에는 ful과 full이 들어간 단어의 철자법에 대한 요령이 나와 있다.

fun

They had **fun**.이나 That was **fun**.에서처럼 명사로 쓰이는 단어였으나, 점차 형용사로도 쓰이기 시작했다. 그래서 The Griswolds had a **fun** vacation.과 같이 쓰이기는 하지만, fun이 아직은 완전히 형용사로 자리 잡지 않았으니 격식을 차려야 하는 글에서는 사용하지 말라. 앞의 문장을 바로잡으면 The Griswolds had **fun** on their vacation.이 된다.

hero

한때 이 단어는 영웅 전용이었다. 영웅이란 자신의 생명이나 생계를 걸고 육체적, 도덕적, 정신적으로 대단한 일을 이뤄낸 사람들이었다. 그렇지만 최근 들어 hero라는 단어는 빛이 바랬다. 프로 운동선수, 로또 당첨자, 맞춤법대회 우승자 등에게 마구잡이로 붙이는 단어로 전락한 것이다. hero는 특별한 단어이므로 너무 남발하지 말자. hero가 그 특별함을 잃는다면 무척 안타까운 일이 될 것이다. Sergeant York was a **hero**.

hopefully

hopefully의 진화를 막는 것은 불가능하다. 그러나 순수주의자들은 아래의 예문처럼 '희망적인 태도로'라는 부사로만 써야 옳다고 주장한다. "I'm thinking of going to Spain," Eddie told Mrs. Cleaver. "Soon?" she asked **hopefully**. 따라서 순수주의자들의 뜻대로 된다면 아무도 hopefully를 '바라건대'나 '희망하건대'라는 뜻으로 쓰지는 않을 것이다. 그러나 "**Hopefully** the cuisine in Spain will be as delectable as your own," Eddie said.에서 볼 수 있듯이 언어는 변화하며, 이미 오랫동안 사람들은 더 넓은 뜻으로 hopefully를 사용해 왔다. hopefully는 fortunately, frankly, happily, honestly, sadly, seriously 등과 같이 문장을 시작하는 단어들에 합류했다. 이제 hopefully는 동사를 수식하는 부사가 아니라 문법상 문장부사로 변했다. Sadly, Eddie stayed for dinner.라고 말하면 Eddie가 슬퍼했다는 뜻이 아니다. Eddie가 저녁을 먹기 위해 남았기 때문에 내가 슬펐다는 뜻이다. 그리고 Frankly, he's boring.은 그가 솔직하게 지루하다는 뜻이 아니라, 내가 솔직히 말하자면 그는 지루하다는 뜻이다. 솔직히, 이 단어들도 이렇게 변했는데 hopefully라고 특별한 취급을 받아야 할 이유가 없을 것이다. 하지만 일부 순수주의자들은 여전히 hopefully를 동사를 수식하는 부사로만 쓴다는 사실을 명심하라. 그들도 변할 날이 있을까? 그러기를 바랄 뿐이다.

irony

뉴스 리포터들이 꼭 이 책을 봤으면 좋겠다. 독특한 상황을 설명하는 독특한 단어인 irony는, 말하고 있는 것과 의미하는 것이 다른 상황을 나타낸다. “You’re wearing the green checked suit again, Richie! How fashionable of you,” said Mrs. Cunningham, her voice full of **irony**. 의도했던 바와는 정반대의 결과를 낸 이 상황은 ironic한 것이다. 하지만 생각 없는 뉴스 리포터가 Ironically, the jewelry store was burglarized on the same date last year.라고 말하는 상황은 ironic한 것이 아니라 우연의 일치이거나 놀라운 것일 뿐이다. 만일 도둑이 굉장히 어렵게 훔친 물건에 추적 장치가 붙어 있어서 경찰을 끌어들인다면, 그게 ironic한 것이다. 참고로 ironically나 ironical은 틀리지는 않지만 어색한 단어이다.

like

like는 대단한 단어다. ‘비슷한’이라는 뜻이 있어서 비교를 편리하게 해주며, 동사로 쓰이면 무엇인가를 ‘좋아하다’라는 뜻이 된다. 나는 like를 좋아한다! 그렇지만 like를 너무 좋아하면 문제가 될 수 있다. 내가 무슨 이야기를 하고 싶은지 짐작이 갈 것이다. 요즘은 아이들뿐만 아니라 많은 어른들까지도 I say 대신 I'm like를 남발한다. He said 대신 He's like를 넣어서 This guy's **like**, "Your fender was already dented." 같은 문장을 만들어 내기도 한다. 친구들 간에 격의 없는 대화를 나눌 때는 괜찮다. 하지만 글을 쓰거나, 연설을 하거나, 상사에게 말할 때는 제대로 된 영어를 쓰도록 하라. like 대신에 say나 said 등의 단어를 사용하여, So I said, "You'll be hearing from my lawyer."처럼 써야 한다. 그리고 I could, **like**, use a cigarette.에서와 같이 마치 틱 증후군처럼 like를 습관적으로 쓴다면, 빨리 그 습관을 버리라.

literally

제대로 된 문장을 쓰고 싶다면 literally를 다음 예문에서처럼 '문자 그대로' 혹은 '말 그대로'라는 뜻으로만 써야 한다. Martha sprayed a dried bouquet with metallic paint, **literally** gilding the lily. 그런데 사람들은 이 단어를 '비유적으로' 혹은 '상징적으로'라는 뜻을 지닌 figuratively 대신 쓰곤 한다. 그 이유는 figuratively의 표현력이 literally보다 약하다고 생각하기 때문인 것 같다. 내가 예전에 아이오와에서 편집자로 일할 때의 일화가 생각난다. 초창기 서부 개척자들을 기념하는 행사가 열려서, 뚜껑 있는 마차와 '서부 개척자들'로 분장한 참가자들이 모여들었다. 이 행사를 다룬 기사에서 기자는, 구경꾼들이 'were literally turned inside out and shot backward in time'(역주: 직역을 하면 '말 그대로 속과 겉, 즉 내장과 피부가 바뀌어 과거로 보내졌다'라는 뜻)이라고 썼다. 그 정도의 사건이었으면 사진기자도 함께 보냈어야 했다. 많은 이들이 Grandma **literally** exploded.처럼 figuratively를 써야 할 곳에 literally를 쓰지만, '말 그대로' 외의 뜻으로 쓰는 것은 본인의 무지를 '말 그대로' 보여주는 것에 불과하다.

moot

이 단어에는 구구절절 사연이 많다. 원래는 '논란의 여지가 있는' 이라는 뜻이며, 지금도 영국에서는 그렇게 쓴다. 하지만 미국에서는 '관련 없는' 혹은 '가설의'라는 뜻으로 쓰이고 있다. The question of bridesmaids' dresses became **moot** when the engagement was broken.

noisome

이 단어를 noisy와 같은 뜻으로 알고 있다면 완전히 착각한 것이다. noisome과 noisy는 각각 코와 귀에 관련되어 있다. noisome은 '역한 냄새가 나는' 혹은 '불쾌한'이라는 뜻이다. annoy와 연관이 있으며, annoysome이 줄어든 형태라고 생각하면 편하다. The **noisome** fumes of the stink bomb forced officials to evacuate the school.

nonplussed

'당황한' 또는 '혼란스러운'이라는 뜻이지 침착하고 안정되었다는 뜻이 절대 아니다. Tony was **nonplussed** at finding his golf clubs in the driveway. 힌트가 있다면, non은 'no'라는 뜻이고 plus는 '더하다'라는 뜻이다. 그러므로 nonplussed 상태인 사람은 너무나 심정이 복잡해서 더 이상 그 무엇도 할 수 없는 상태인 것이다.

presently

이 단어도 잘못 사용되고 있다. 만일 세입자가 집주인에게 집세를 presently 보낸다고 하면 우편으로 수표가 지금 가고 있다는 소리인가, 아니면 수표가 실제로 편지 속에 들어 있다는 소리인가? 둘 다 정답이 아니다. presently는 '지금'이나 '현재'라는 뜻이 아니다. presently는 '곧, 얼마 지나지 않아, 금방, 머지않아, 잠시 후에, 안달하지 말고 기다리면 이내, 내가 준비되면 곧' 등으로 쓰인다. You'll get your money **presently**," Bernie snapped.라고 쓴다면 정확한 시기가 애매하긴 하지만 뜻은 전달한 것이다.

restive

이 단어는 쉬울 것 같지만 그렇지 않다. restive는 '참을성 없는' 혹은 '가만히 있지 못하는'이라는 뜻의 restless로 착각하기 쉽다. 하지만 진짜는 '다루기 힘든'이나 '고집 센'이라는 뜻이다. Even on a good day, Pugsley is a **restive** child.

scarify

어쩐지 무서운 단어처럼 들리지 않는가? 사실은 전혀 무섭지 않다. scarify는 '무섭게 하다'라는 뜻이 아니라 무엇인가를 자르거나 표면에 긁힌 자국을 남기는 것을 말한다. 잘 기억하기 위한 힌트를 알려주겠다. 뭔가를 scarify한다면 scar가 남는다는 것이다. Ricky promised that his Rollerblades wouldn't **scarify** the floor.

unique

unique하다면 유일무이해야 한다. 전례가 없어야 하고, 적수가 없어야 하고, 비교가 불가해야 하고, 비길 데가 없어야 하고, 경쟁할 만한 것이 없어야 하고, 독특해야 한다. 어디에도 똑같은 게 절대 없어야 unique한 것이다. unique함에는 정도의 구분이 없다. 하나뿐인 절대적인 것의 정도를 어떻게 평가하겠는가? 따라서 more, less, sort of, rather, quite, very, slightly, particularly 등은 unique와 함께 쓰일 수 없다. 이 단어는 dead, unanimous, pregnant 같은 단어와 마찬가지로 홀로서기를 하는 단어이다. 따라서 The Great Wall of China is **unique**.처럼 써야 한다. 하지만 안타깝게도 누구나 정확한 영어를 쓰는 것은 아니다. 많은 사람들이 unique에 very, especially, almost 등의 수식어를 더해서 대단함을 더욱 강조하고 싶어하고, 사전조차 unique의 용법에 대한 규제를 풀어 놓고 있다. 그렇지만 나처럼 꼼꼼한 사람들은 모두 원래의 뜻에서 벗어난 unique의 용법에 얼굴을 찡그린다는 사실을 명심하라.

via

'~을 통과해'라는 뜻이지 '~을 이용해서'라는 뜻이 결코 아니다. Itzhak drove to Tanglewood **via** Boston.은 맞지만 Itzhak drove to Tanglewood **via** car.는 틀리다.

헷갈리는 한 쌍

abjure / adjure

abjure는 '포기하다'라는 뜻이고 adjure는 '명령하다'라는 뜻이다.

"**Abjure** cigars or move out of the house!" Ethel **adjured** Fred.

abridge / bridge

abridge한다는 것은 abbreviate와 마찬가지로 줄인다는 뜻이다. abridged된 책은 요약본이라는 말이다. bridge한다는 것은 두 가지를 잇거나 틈을 넘어가게 해주는 동작을 말한다. The producers hope to **abridge** Philip's nine-hour opera about an engineer who tries to **bridge** the Grand Canyon.

accept / except

무엇인가를 accept한다면 그것을 받아들이거나 거기에 동의한다는 뜻이다. except는 '제외하다' 혹은 '빼놓다'라는 의미의 동사로 쓰이기도 하지만 보통은 '~을 제외하고'라는 뜻으로 쓰인다. "I never **accept** presents from men," said Lorelei, "**except** when we've been properly introduced."

adverse / averse

긴 단어가 더 강한 의미를 갖고 있다. adverse는 적대감이나 반대를 나타내고, 주로 물건이나 행동에 대한 설명으로 쓰인다. averse는 꺼리거나 내키지 않음을 나타내고, 주로 인물에 대한 설명으로 쓰인다. Georgie was not **averse** to inoculation, until he had an **adverse** reaction to the vaccine.

affect / effect

명사를 쓰고자 한다면 99%의 경우에는 effect를 써야 한다. The termites had a startling **effect** on the piano. 동사를 써야 한다면

affect를 쓰는 것이 최선이다. The problem **affected** Lucia's recital.

NOTE 가끔은 예외도 있기 마련. affect와 effect의 거의 쓰이지 않는 뜻도 적어 본다.

Affect: 첫 음절에 강세가 오는 명사로 쓰일 때는 심리학에서 '감정'을 이르는 단어이기도 하다. Termites display a lack of **affect**.

Effect: '이루다' 또는 '결과를 초래하다'라는 의미의 동사로 쓰이기도 한다. An exterminator **effected** their removal.

aggravate / irritate

서로 바꿔 쓰지 말아야 할 단어들이다. irritate는 '짜증나게 하다'라는 뜻이고 aggravate는 '더 나쁘게 하다'라는 뜻이다. Poison ivy **irritates** the skin. Scratching **aggravates** the itch. aggravate가 요즘 '짜증나게 하다', '신경 쓰게 하다'라는 뜻으로 널리 쓰이긴 하지만, 세심한 사람들은 여전히 그런 용법을 싫어한다.

ago / since

둘을 동시에 쓰지 말고 둘 중 하나만 쓰라. Fluffy died three days **ago**. 혹은 It's been three days **since** Fluffy died.로 쓰는 것은 옳다. 그러나 It's been three days **ago since** Fluffy died.는 틀리다.

allude / refer

allude는 간접적으로 말하거나 암시하는 것을 말한다. 즉 넌지시 또는 에둘러 말하는 것이다. Cyril suspected that the discussion of bad taste **alluded** to his loud pants. refer는 직접 언급하는 것이다. "They're plaid!" said Gussie, **referring** to Cyril's trousers.

allusion / illusion / delusion

allusion은 간접적인 언급이다. Gussie's comment about burlesque was a snide **allusion** to Cyril's hand-painted tie. illusion은 환영, 착각이다. It created the **illusion** of a naked woman. delusion은 속임수이다. Cyril clung to the **delusion** that his tie was witty. delusion은 illusion보다 어감이 훨씬 강한 단어로, Cyril이 남이 아니라 자신에 의해 속아 넘어갔다는 뜻이다.

alternate / alternative

alternate는 '교대의'라는 뜻이며, alternative는 '대안'이라는 뜻이다. Walking require **alternate** use of the left foot and the right. The **alternative** is to take a taxi.

among / between

두 가지에 관련된 것이라면 between을 쓰라. Miss Bennet sense a barrier between her and Mr. Darcy. 세 가지 중에서 선택해야 한다면 between과 among을 다 쓸 수 있다. 만약 각각을 개별적으로 생각하고 그들 사이의 관계를 말하고자 한다면 between을 쓰라. There were several embarrassing exchanges **between** Lydia, Kitty, and Jane. 하지만 전체를 하나의 집단으로 본다면 among을 쓰라. Darcy's arrival created a stir **among** the guests.

amused / bemused

즐거운 시간을 보내고 있다면 당신은 amused한 상태다.
혼란스럽거나 헷갈리거나 깊은 생각에 잠겨 있다면 bemused한 상태다. "I fail to see why you're **amused**," said the **bemused** Mr. Peepers, whose missing spectacles were perched on his head.

anxious / eager

일상 대화라면 이 단어들은 서로 바꿔 쓸 수 있지만, 글을 쓸 때는 다르다. 글에서는 실제로 불안한 느낌이 담겨 있지 않다면 eager를 쓰라. eager는 to와 함께 쓰이지만 anxious는 about이나 for와 함께 쓰인다. Nancy is **eager** to have a pony, but Aunt Fritzi is **anxious** about the expense. 이 단어들에 대해 더 알아보려면 94쪽을 참고하라.

appraise / apprise

appraise는 '값을 매기다' 혹은 '측정하다'라는 뜻이지만, apprise는 '통지하다'라는 뜻이다. Sotheby's **apprised** Mr. Big of the fact that his "Rembrandt" was **appraised** as worthless.

as if / as though

이 둘은 같은 뜻이며 서로 대체되어도 상관없다. 지금은 그렇지 않지만 한때는 if가 though의 여러 가지 의미 중 하나였으며, 아직도 그 잔재가 as though 속에 남아 있다. Cliff and Norm looked **as though** they could use a drink.

assume / presume

둘은 전혀 다른 뜻이다. assume은 '짐작하다' 또는 '당연시하다'라는 뜻이고, presume은 그것보다 훨씬 강한 '믿다' 혹은 '감히 ~하다'라는 뜻이다. I can only **assume** you are joking when you

presume to call yourself a plumber!

NOTE presume이 갖는 '믿다'라는 의미에서 presumptive라는 형용사가 나왔으며, '지나치게 당연시하다'라는 의미에서 presumptuous라는 형용사가 생겨났다. As her favorite nephew, Bertie was Aunt Agatha's **presumptive** heir. Still, it was **presumptuous** of him to measure her windows for new curtains.

assure / ensure / insure

세 단어 모두 라틴어의 '안전한' 또는 '안정된'이라는 단어로부터 나왔다. 미국 영어에서 assure는 자신감이나 확실성을 심어준다는 의미이다. ensure나 insure도 둘 다 확실성을 심어준다는 뜻이 있지만, insure만이 상업적으로 보험을 들거나 지급한다는 의미를 갖는다. "I **assure** you," said the grieving widow, "I **ensured** he was **insured** to the hilt."

avert / avoid

avert는 '방지하다', '막다', '쫓아버리다'라는 뜻이다. avoid는 '피하다' 혹은 '가까이 하지 않다'라는 뜻으로 쓰인다. Mr. Smithers **avoided** the open manhole, **averting** a nasty fall.

bad / badly

동작을 설명하려는 것이라면 동사를 수식하는 단어인 부사, badly를 쓰라. 보다시피 대부분의 부사처럼 ly가 끝에 붙었다. 상태를 설명하는 것이라면 명사를 수식하는 형용사 bad를 쓰면 된다. Josh ran the race **badly**; afterward, he looked **bad** and he smelled **bad**. 이 두 단어가 여전히 구별이 안 된다면 덜 혼동되는 단어로 대체하면 된다. Josh ran the race **honestly**; afterward, he looked **honest** and he smelled **honest**.

well과 good에도 비슷한 논리가 적용된다. 동작을 설명하려면 부사인 well을 쓰라. 이 경우에서 볼 수 있듯, 부사라고 해서 모두 ly로 끝나지는 않는다. 그리고 상태를 설명할 때는 형용사인 good을 쓰라. Donna sang **well** at the recital; she looked **good** and she sounded **good**.

NOTE well은 부사로도 쓰이고 형용사로도 쓰이는 복잡한 단어이다. 형용사로는 Josh feels **well**.에서 볼 수 있듯 '건강한'이라는 뜻이다.

beside / besides

beside는 무엇인가의 '옆에' 있는 것을 의미한다. besides는 '게다가' 혹은 '더하자면'이라는 뜻이다. Pip was seated **beside** Miss Havisham in an uncomfortable chair. He had a fly in his soup **besides**.

bi / semi

원래는 단어 앞에 bi가 붙으면 '둘'이라는 뜻이고 semi가 붙으면 '반'이라는 뜻이다. Although Moose says he's **bi**lingual, he's **semi**literate. 그러나 실제로는 bi가 semi를 뜻하기도, semi가 bi를 뜻하기도 한다. 그러니까 시간을 언급하는 경우라면 오해를 피하기 위해 되도록 둘 다 쓰지 말라. 대신 every two years나 twice a week 등을 쓰도록 하라. 독자들에게 이 단어를 사용하지 말라고 권하지만, 그래도 혹시 마주칠 경우를 대비해 다음과 같이 쓰인다는 것을 알아두었으면 한다. 읽다 보면 왜 bi와 semi가 혼란을 일으키는 표현인지 알 수 있을 것이다.

biennial : 2년마다
biannual : 매년 2번 / 2년마다(사전마다 달리 풀이되어 있다. 따라서 사전은 도움이 되지 않는다.)
semiannual : 반년마다
bimonthly : 2개월마다 / 매달 2번
semimonthly : 반 개월마다
biweekly : 2주일마다 / 매주 2번
semiweekly : 반 주일마다

both / as well as

둘을 함께 쓰면 안 되고 둘 중 하나만 써야 한다. Carrie had **both** a facial and a massage. 혹은 Carrie had a facial **as well as** a massage.가 옳다.

bring / take

물건이 어느 쪽으로 움직이는가에 따라 단어를 선택해야 한다. 이쪽으로 오고 있다면 누군가가 bring하는 것이다. 저쪽으로 가고 있다면 누군가가 take하는 것이다. "**Bring** me my slippers," said Samantha, "and **take** away these stiletto heels!" 과거형이라도 똑같은 법칙이 적용된다. Smith **brought** the slippers and **took** away the heels.
얼핏 보면 곧이곧대로 따르면 될 것 같지만, bring과 take의 구분이 명확하지 않은 경우도 있다. 당신이 물건을 가져가는 사람이라면 어떻게 될까? 예를 들어 저녁 식사에 초대받아 와인을 가져간다고 치자. 이런 경우 bring인지 take인지는 관점에 달려 있다. 즉 초대한 사람의 관점이냐, 초대받은 사람의 관점이냐가 판단의 기준이다. "What shall I bring, white or red?"라고 초대한 이에게 물으면 그가 "Bring red."라고 대답할 수 있다. 이 경우 당신과 초대자 모두 초대자의 관점에서 말을 한 것이 된다. 10분 후 와인 상점에서 여종업원에게 "What should I take, a Burgundy or a Bordeaux?" 라고 물을 때 그녀가 "Take this one."이라고 답한다면, 양쪽이 모두 초대받은 자의 관점에서 말을 한 것이다. 이제 알겠는가? 하지만 직감이 맞는 경우가 많으니 가장 자연스럽게 들리는 것을 선택하라. 아마 당신이 생각하는 것이 맞을 것이다.

callous / callus

앞의 단어는 뭔가의 특징을 설명하는 형용사이고 뒤의 단어는 명사이다. Hard-hearted Hannah is **callous**, but the thing on her toe is a **callus**.

can / may

can은 할 수 있음을 말하고 may는 허락이나 허가를 받음을 말한다. "I **can** fly when lift plus thrust is greater than load plus drag," said Sister Bertrille. "**May** I demonstrate?"

NOTE may는 가능성을 나타내기도 한다. may와 might에 대해서는 90~91쪽과 151쪽을 참고하라.

can not / cannot / can't

보통은 한 단어로 쓰는 것이 옳다. can't는 구어체나 격식을 차리지 않은 글에서 쓰이고, cannot은 격식을 차린 글에서 쓰인다. 두 단어로 쓴 can not은 Maybe you can hit high C, but I certainly **can not**.처럼 강조를 위해 사용하거나, 혹은 I **can not** only hit high C, but also break a glass while doing it.처럼 not이 not only … but also 같은 표현의 일부일 경우에 사용한다.

canvas / canvass

canvas와 예술가의 관계는 canvass와 여론조사원의 관계와 같다. The Rembrandt **canvas** was No. 1 in a Gallup **canvass** of museumgoers.

capital / capitol

입법자들이 모이는 중요한 도시는 capital이고 그들이 모이는 건물은 capitol이다. Denver, the **capital** of Colorado, has a **capitol** with a gold-plated dome. 앞의 문장에서 capitol과 dome에 모두 o가 들어간 것을 기억하면 구분하기가 쉽다. 또 잘 알고 있듯이 대문자도 capital이라고 부르는데, 그것이 중요하기 때문이다.

chord / cord

chord는 음의 조합이며, harmony가 h로 시작하듯 h를 포함하고 있다. "That **chord** is a diminished seventh," said Ludwig. cord는 끈이나 줄과 같은 것을 가리키며, 인간의 몸에서 찾을 수 있는 척수(spinal cord), 탯줄(umbilical cord), 성대(vocal cords)도 cord라고

불린다. Wolfgang never had to worry about tripping over an electrical **cord**. 잃어버린 로프는 lost cord라고 표현하지만 음악 용어라면 lost chord라고 표현한다.

climax / crescendo

상황이나 음악은 climax를 향해 가는 것이지 crescendo를 향해 가는 것이 아니다. crescendo는 climax로 이어지기까지 볼륨이 점점 커지는 것을 말한다. A gradual **crescendo** in the percussion section reached a **climax** that woke the audience.

compare with / compare to

이 둘의 차이는 크지 않기 때문에 고민할 필요가 없다. 더 흔하게 쓰이는 compare with는 '공통점과 차이점을 찾기 위해 살피다'라는 뜻이다. 그에 비해 덜 쓰이는 compare to는 유사성을 말하는 것이다. **Compared with** Oscar, Felix is a crybaby. He once **compared** his trials **to** those of Job.

complement / compliment

동사 complement는 뭔가를 완료하거나 마무리 짓거나 완성시킨다는 뜻이고, 명사 complement는 완전한 것을 의미한다. complement와 complete 모두 e가 2개씩 들어 있다는 것을 기억하자. 한편 동사 compliment는 칭찬하거나 존경한다는 뜻이고, 명사 compliment는 찬사나 존경을 의미한다. Marcel loved to **compliment** Albertine. "That chemise **complements** your eyes, my little sparrow," he murmured.

comptroller / controller

'재정 문제를 담당하는 직책에 있는 사람'이라는 똑같은 뜻을 지닌 단어들이다. 먼저 생겨난 단어인 controller는 주로 일반 기업에서 쓰이고, comptroller는 주로 정부기관에서 쓰인다. Ms. Moneypenny, the company **controller**, left to become **Comptroller** of the Currency. 217쪽의 내용을 참고하라.

continually / continuously

대부분의 사람들뿐만 아니라 사전들조차도 동일시하는 두 단어이지만, 아주 미묘한 차이가 있다. continually는 반복적인 활동 중간 중간에 휴식이 있다. 반면에 continuously는 끊임없이 지속되는 활동을 말한다. Heidi has to wind the cuckoo clock **continually** to keep it running **continuously**. 이런 구분이 중요하다면 continually 대신 periodically나 intermittently를 씀으로써 중간에 멈춤이 있다는 사실을 강조하는 것도 좋다. 이 미묘한 뜻의 차이는 두 단어의 형용사 형태인 continual과 continuous에도 마찬가지로 적용된다.

convince / persuade

convince 뒤에는 of나 that이 오고, persuade 뒤에는 to가 온다. Father finally **convinced** Bud **that** work would do him good, and **persuaded** him **to** get a job. convince와 persuade에 대한 내용은 94쪽에 더 나와 있다.

credibility / credulity

credibility가 있다는 것은 믿음직하고 신뢰가 간다는 의미이다.

credulity는 남들이 하는 말을 너무 쉽게 신뢰하는 성향을 말한다. 형용사 형태는 각각 credible(믿을 만한)과 credulous(속기 쉬운)가 된다. 이것들의 반대어는 incredible(믿어지지 않는)과 incredulous(의심이 많은)이다. Councilman Windbag has lost his **credibility**, even among suckers known for their **credulity**.

NOTE credibility와 credulity 두 단어를 설명했는데, creditable이라는 단어도 있다. creditable은 '칭찬할 만한'이라는 전혀 다른 의미의 단어이다.

deserts / desserts

받아 마땅한(deserve) 것을 받으면 deserts를 받는 것이다. 강세는 둘째 음절에 있다. John Wilkes Booth got his just **deserts**. 받아 마땅한지 않은지와 상관없이, 식사 후에 휘핑크림과 초콜릿 소스가 잔뜩 뿌려진 맛있는 것을 받는 것은 desserts를 받는 것이다. 안타깝게도 두 단어의 발음은 똑같다. "For **dessert** I'll have one of those layered puff-pastry things with cream filling and icing on top," said Napoleon. 만약 앞서 나온 두 단어가 아닌 '사막'이라는 뜻으로 쓰고 싶다면, s를 1개만 쓰고 첫 음절에 강세를 두라. In the **desert**, August is the cruelest month. 191쪽도 참고하라.

differ from / differ with

물건이 서로 다르다면 differ from one another가 되지만, 사람들이 무엇인가에 대해 의견의 일치를 보지 못하고 있다면 differ with each other가 된다. Seymour insisted that his left foot **differed from** his right in size. His chiropodist, however, **differed with** him.

from이나 with를 빼고 differ만으로 문장을 더 쉽게 바꿀 수도 있다. Seymour says his feet **differ**. His chiropodist **differs**.

different from / different than

어떤 차이가 있는 걸까? different from은 거의 항상 맞고, different than은 거의 항상 틀리다. 이 정도만 알아도 문제는 없다.

NOTE 독립된 주어와 동사를 가진 절이 뒤에 나온다면 둘 중 어느 것을 써도 문제가 없다. Respectability is **different from** what it was fifty years ago.나 Respectability is **different than** it was fifty years ago.는 모두 옳은 표현이다. 그렇지만 뒤에 절이 없다면 반드시 different from을 써야 한다. Respectability is **different from** reliability.

discomfit / discomfort

discomfit는 고삐 풀린 말과 같다. 인간이 인간다웠고 단어들이 힘이 있던 시절에는 discomfit가 '정복하다', '패주시키다', '타도하다'라는 뜻이었다. discomfited된 적은 죽은 적이나 마찬가지였다. Robin Hood and his merry men **discomfited** the Sheriff of Nottingham. 그렇지만 discomfit은 힘을 잃었다. 아마 discomfort나 dismay와 혼동되었기 때문일 것이다. 이제 discomfit는 '불편함'이나 '모호한 불만'을 뜻하게 되었다. 사전에서도 그런 쓰임새를 인정하기 시작했는데, 나로서는 이러한 변화가 참 discomfort한 일이다.

discreet / discrete

만약 당신이 다른 사람에 대해 험담을 하고 있다면, 당신에게 필요한 단어는 '신중한', '조심스러운'이라는 뜻의 discreet이다. discrete라는 단어는 '나누어진', '뚜렷한', '관련이 없는'이라는 뜻이다. Arthur was **discreet** about his bigamy. He managed to maintain two **discrete** households.

disinterested / uninterested

예전에는 두 단어의 의미가 달라서, disinterested는 '편견이 없는'이라는 뜻이었고 uninterested는 '지루함을 느끼는' 혹은 '관심이 없는'을 뜻했다. A good umpire should be **disinterested**, said Casey, but most certainly not **uninterested**. 하지만 오늘날에는 이 오래된 구분이 사라지고 있다. 그러므로 뜻을 명확히 전달하고 싶다면 disinterested 대신에 impartial 혹은 neutral을 쓰는 것이 낫다.

dived / dove

dived는 에스더 윌리엄스(Esther Williams, 역주: 미국의 수영선수 겸 배우)가 다이빙 보드에서 뛰어내린 것 같은 행동의 과거형이었다. 그러나 이제 권위 있는 학자들조차 공식 문서가 아니라면 dove를 받아들인다. 격식을 차리지 않는 자리에서는 dived나 dove 둘 중 하나를 자유롭게 써도 좋다. With the swamp before him and an angry rhino at his heels, Indiana **dived**(혹은 **dove**) into the murky waters. 309쪽을 참고하라.

done / finished / through

이 세 형용사는 서로 자유로이 바꿔 쓸 수 있다. "Are you **finished**?" Aunt Polly called. "I'm not **done** yet," said Tom, quickly picking up his paintbrush, "but I'm almost **through**."

each other / one another

이 둘 사이에는 철칙이 있다. each other는 두 가지일 때 쓰이고 one another는 세 가지 이상일 때 쓰인다. Nick and Nora found **each other** adorable. Nick and his cousins all heartily despised **one another**. 이 규칙만 따른다면 항상 올바른 선택을 할 수 있다. 하지만 명망 있는 작가들조차 이 규칙을 무시하고 Husband and wife should respect **one another**.처럼 one another로 한 쌍을 가리키는 경우가 많다. 규칙을 엄격히 지키기보다 자연스럽고 편하게 단어를 쓰고 싶다면, 둘 중 아무것이나 골라 써도 괜찮다. 그렇지만 other와 another는 전혀 다른 문제이다. whole other와 another를 섞어 a whole nother라고 쓰는 사람들도 있는데, 절대 그런 사람이 되지 않도록 모두 명심, 또 명심하자.

e.g. / i.e.

잘난 체를 하고 싶다면 글에 e.g.나 i.e.를 쓰되 틀리게는 쓰지 말라. 어설프게 쓰다가 허세가 들통날 수도 있으니까. e.g.는 라틴어의 exempli gratia의 축약어로 '예를 들자면'이라는 뜻이다. Kirk and Spock had much in common, **e.g.**, their interest in astronomy and their concern for the ship and its crew. 그보다는 범위가 좁은 표현인 i.e.는 라틴어 id est의 축약어로 '다시 말해'라는 뜻이다. But they had one obvious difference, **i.e.**, their ears. 대시 기호나 괄호를 쓰지 않았다면 e.g.와 i.e.의 앞뒤에 항상 콤마를 찍어야 한다.

emigrate / immigrate

어떤 나라로부터 emigrate해서 다른 나라로 immigrate한다는 식으로 사용해야 한다. Grandma **emigrated from** Hungary in 1956, the same year that Grandpa **immigrated to** America. emigrant인가 immigrant인가의 문제는 가는 것이냐 오는 것이냐의 문제이며, 동시에 말하는 사람의 관점의 문제이기도 하다. 이 두 단어를 다음과 같이 구별해 보는 것은 어떨까?

'나감'을 뜻하는 Exit가 E로 시작하듯 emigrant도 E로 시작하고 '들어옴'을 뜻하는 In이 I로 시작하듯 immigrant도 I로 시작한다.

Emigrant as in Exit.

Immigrant as in In.

eminent / imminent / immanent

'유명한' 또는 '우월한'이라는 뜻으로 쓰이는 것은 eminent이다. '다가오는' 혹은 '곧 일어날'이라는 뜻의 단어는 imminent이다. '내재된', '가지고 있는', '내포된'이라는 뜻을 원한다면 immanent를 써야 한다. The **eminent** Archbishop Latour, knowing that his death was **imminent**, felt God was **immanent**.

NOTE 토지수용권을 말하는 법률용어는 eminent domain이다.

endemic / epidemic / pandemic

많은 사람들이 이 세 단어를 서로 바꿔 쓸 수 있는 것처럼 생각하는데, 그것은 착각이다. endemic은 '토종의' 혹은 '일반적인' 이라는 뜻의 형용사다. In medieval Europe, poor sanitation was

endemic. 다른 두 단어는 명사도 되고 형용사도 되는데, epidemic은 특정 공동체나 사람들 사이에 널리 퍼진 어떤 것을 말하고, pandemic은 한 나라 전체, 나아가서는 대륙이나 세계로 퍼진 어떤 것을 말한다. Messina's **epidemic** became **pandemic**, and the plague wiped out much of Europe. 접두사를 통해 구별할 수도 있다. en은 '안의' 혹은 '내재된'이라는 뜻이고, epi는 '위의' 혹은 '가까운'이라는 뜻이며, pan은 '모든'이라는 뜻이다.

farther / further

farther는 물리적인 거리를 나타내며 further는 추상적인 생각, 범위, 정도 등을 표현한다. Lumpy insisted that he could walk no **farther**, and he refused to discuss it any **further**.

faze / phase

누군가를 faze한다면 불안하게 하거나 창피를 주는 것이다. 이 단어는 중세 영어의 fesen에서 나왔는데, fesen은 '몰아내다' 혹은 '도망치게 하다'라는 뜻이다. 반면에 phase는 '나타나다'라는 뜻의 그리스어에서 나왔으며, 발달의 한 단계나 과정을 가리킨다. phase는 또 phase in(서서히 나타나다), phase out(서서히 사라지다)에서처럼 동사로 사용되기도 한다. Jean-Paul's infidelity is just a **phase**, says Simone, so she never lets it **faze** her.

fewer / less

fewer는 개체들의 수가 적은 것을 말하고, less는 어떤 사물의 양이 적은 것을 말한다. The **less** money Mr. Flanders spends, the **fewer**

bills he gets. 한 가지에 대한 언급이라면 less를 쓰라.
After Charlotte's wedding, Lady Lucas had **one less** problem.
퍼센트나 분수에 대해서도 fewer than이 아니라 less than을 써야 한다.
Less than a third of the graduates showed up for the reunion.
less than은 시간이나 돈에 대한 설명에도 쓰인다. He built the bookcase in **less than** two weeks and for **less than** thirty dollars.
less than은 또 **less than** five miles와 같이 거리, **less than** 150 pounds와 같이 무게, **less than** 30 degrees와 같이 온도, **less than** 50 miles an hour와 같이 속도 등에도 쓰인다. 57쪽도 참고하라.

flammable / inflammable

서로 반대되는 말처럼 보일지 모르지만 그렇지 않다. 둘 다 '발화성의'라는 뜻이며, inflammable이 먼저 생겨났다. incinerate, incoming, intense에서 볼 수 있듯이 이런 경우들에서의 in이라는 접두사는 그저 강조를 위해서 있을 뿐이다. flammable은 혼동을 피하기 위해 inflammable을 대체하여 나중에 나온 단어다.
Dr. Frankenstein thought the castle wasn't **flammable**, but the villagers proved him wrong.

flounder / founder

flounder한다면 불편하게 휘청거리거나 뭍으로 나온 물고기처럼 허우적거리는 것을 말한다. Harry **flounders** from one crisis to another. 그에 반해 founder는 '무너지다', '완전히 실패하다', '침몰하는 배처럼 가라앉다'라는 뜻으로 쓰인다. His business **foundered** when the market collapsed.

flout / flaunt

flout한다면 불복종하거나 무시하는 것이다. flaunt한다면 잘난 체하는 것이다. When Bruce ran that stop sign, he was **flouting** the law and **flaunting** his new Harley.

gantlet / gauntlet

옛날 옛적, 사람들은 벌을 받는다는 의미로 gantlet을 달린다고 말했고, 싸움을 걸 때는 gauntlet을 땅에 던진다고 말했다. 왜 비슷한 두 단어가 서로 다르게 쓰였을까? 호랑이 담배 피던 시절의 기사는 철갑이 둘러진 gauntlet이라는 무거운 장갑을 바닥에 던짐으로써 결투를 신청했다. gauntlet이라는 단어는 프랑스어에서 왔는데, 그렇게 던져진 gauntlet을 집어 든다면 결투 신청을 받아들인다는 의미였다. 한편 스웨덴 말로 '시련'이라는 뜻을 지닌 단어에서 온 gantlet은 일종의 군대식 형벌로서, 벌을 받는 사람이 두 줄로 늘어선 동료들 사이를 뛰며 그들이 든 매와 회초리에 맞는 벌이었다. 하지만 세월이 흘러 gantlet과 gauntlet의 구분이 애매모호해졌고, 오늘날의 사전들에는 gauntlet이 두 경우 모두 쓰일 수 있다고 나온다. 물론 역사를 제대로 알고 있는 사람들은 여전히 이 두 단어의 차이점을 지키고 싶어한다. Wearing her mink to the ASPCA meeting, Tiffany ran a **gantlet** of hostile stares. "So what?" she said, throwing down the **gauntlet**.

good / well

이것은 앞서 나왔던 bad/badly의 친척뻘이다. 131~132쪽을 참고하라.

historic / historical

역사적인 사건이면 historic한 것이고, 역사적 주제와 관련되어 있는 내용이라면 historical한 것이다. There's not much **historical** evidence that the Hartletops' house is **historic**.

home / hone

동사로 쓰이는 이 둘은 자주 혼동된다. 무엇인가에 home in한다면 그것에 집중하거나 그곳을 조준한다는 뜻이다. 그렇지만 hone은 hone in이라고 쓰이지도 않으며, 날카롭게 한다는 뜻이다. Uncle Bertram **honed** his knife, then **homed** in on the problem: how to carve a roast suckling pig.

hyper / hypo

hyper는 단어 앞에 붙어서 '~을 넘어선', '많은'이라는 뜻을 더해준다. hypo는 '~에 모자란', '적은'이라는 뜻이다. I become **hyper**active and get a rash if I forget to use my **hypo**allergenic soap.

if / whether

어떤 대안들 사이의 선택이라면 whether를 쓰는 것이 옳다. Richie didn't know **whether** he should wear the blue suit or the green one. 앞 문장처럼 두 선택안 사이에 들어간 or가 whether를 써야 한다는 힌트를 준다. 그러나 Richie wondered **whether or not** he should wear his green checked suit.와 같이 whether or not의 문제라면, or not을 생략하고 whether만을 사용하거나 if를 써도

된다. Richie wondered **if**(혹은 **whether**) he should wear his green checked suit. 그러나 '~인지 어떤지와 상관없이'라는 뜻으로 쓰고 싶다면 반드시 or not과 함께 써야 한다. Richie wanted to wear the green one, **whether** it had a gravy stain **or not**. 혹은 Richie wanted to wear the green one, **whether or not** it had a gravy stain.도 좋다.

imply / infer

이 두 단어의 뜻은 정반대이다. imply한다는 것은 넌지시 암시하거나 제안을 한다는 뜻이고, infer한다는 것은 결론을 내리거나 제안을 받아들인다는 뜻이다. "You **imply** that I'm an idiot," said Stanley. "You **infer** correctly," said Blanche.

in behalf of / on behalf of

이 둘 사이의 작은 차이는 꼭 알아두는 것이 좋다. in behalf of는 '~을 위하여' 혹은 '~의 이득을 위해'라는 뜻이고, on behalf of는 '~ 대신' 혹은 '~의 대변자로서'라는 뜻이다. Bertie presented the check **on behalf of** the Drones Club, to be used **in behalf of** the feeble-minded.

in to / into

이 둘은 완전히 다른 단어다. in과 to를 합쳐서 줄인 것이 into라고 생각하면 절대 안 된다. into는 (방이나 전문분야로) 들어가거나, (미운 아기오리가 백조로 되듯) 바뀌거나, (친구나 벽 등에) 부딪히는 것을 말한다. Get **into** the coach before it turns **into** a pumpkin, and don't bang **into** the door! 그 세 경우를 빼고는 in to를 쓰면 된다. Bring the guests **in to** me, then we'll all go **in to** dinner. 수프 접시 속으로 뛰어들 게 아니라면 저녁을 먹으러 가면서 절대 go into dinner라고 하지 말라. 마찬가지로 tune과 turn도 I think I'll **tune in to** my favorite TV show and **turn into** a couch potato. 처럼 사용한다.

NOTE in to와 into의 구분이 아직도 어렵다면 이렇게 외우면 된다. Bring the guest **(in) to** me, then we'll all go **(in) to** dinner.처럼 문장에서 in을 빼도 뜻이 유지된다면 in to를 쓰는 것이다. 비슷한 경우인 on과 onto에 대해서 알아보려면 152쪽을 참고하라.

incidence / incidents

첫 단어는 occurrence나 rate의 동의어이다. There's a high **incidence** of petty crime in Hooterville. 두 번째는 incident의 복수형이다. Detective Horton investigated three **incidents** of vandalism. 이 문장에서 incidents 대신 incidences는 절대 들어갈 수 없다.

ingenious / ingenuous

in-JEEN-yus라고 발음되는 ingenious한 사람은 똑똑하거나 뛰어난 사람이다. genius의 발음이 들어가 있으니 뜻을 외우기가 수월할 것이다. in-JEN-you-us라고 발음되는 ingenuous한 사람은 직설적이고, 솔직하고, 세속적이지 않고, 순수하게 속마음을 내보인다. 이 단어는 때가 묻지 않은 소녀라는 뜻을 지닌 ingénue에서 나왔다. 그러므로 누군가를 묘사하면서 ingenuous의 반대어인

disingenuous를 쓴다면, 그가 거짓말쟁이라는 사실을 돌려서 말하는 것이다.

jibe / jive

어떤 것이 jibe하지 않다면 일치하지 않는다는 뜻이다. 그에 반해 jive는 최신 음악이나 헛소리에 대해 쓰는 명사, 동사, 형용사이다. All that **jive** doesn't **jibe** with Senator Paine's record. 그리고 jibe, gibe, jive 모두 동사로 쓰일 때는 '놀리다' 혹은 '방해하다'라는 뜻도 된다.

lay / lie

lay한다는 것은 무엇인가를 놓는다는 뜻이다. 그래서 항상 '무엇'에 해당하는 목적어가 필요하다. lie는 눕는다는 뜻이다. If you're not feeling well, **lay** your tools aside and **lie** down. 이 두 단어는 과거형일 경우 굉장히 헷갈리는데, lay와 lie에 대해서는 95쪽에 더 자세히 나와 있다.

lend / loan

이제는 규칙을 아주 꼼꼼히 따지는 사람들만이 loan은 명사고 lend는 동사라고 주장한다. 영국식 영어에서는 아직도 이 구분대로 **Lend** me a pound, there's a good chap. 같은 문장을 고집하지만, 미국식 영어에서는 loan과 lend 모두 동사로 쓰인다. 그래서 **Loan** me a few bucks till payday. 역시 옳은 문장이다. 나의 주관적인 의견을 말하자면, lend와 lent가 loan과 loaned보다 더 세련된 느낌을 준다.

liable / likely

서로 바꿔 쓸 수 없는데도 자주 혼동되는 단어들이다. likely는 '있음직한', '예상되는'이라는 뜻으로 사용해야 한다. liable은 liable for damages에서 볼 수 있듯 '법이나 의무에 의해 제약받는'이라는 뜻으로 사용하거나, '위험이나 불운에 노출된'이라는 뜻으로 사용해야 한다. If Madeline goes skating, she's **liable** to fall, and not **likely** to try it again.

like / as

다음 중 옳은 것을 골라 보자. Homer tripped, [**as/like**] anyone would. 정답은 as다. 이 문장처럼 주어와 동사로 이루어진 절이 뒤에 오면 like가 아니라 as를 쓰는 것이 옳다. 동사가 없다면 Homer walks **like** a duck.처럼 like를 써도 좋다.

기본적인 규칙은 그렇지만, 규칙이란 늘 변하기 마련이다. 격식을 차리지 않는 자리에서 like는 이제 as의 대체어로 인정받고 있다. She tells it **like** it is.처럼 말이다. like가 심지어 as if나 as though의 역할까지 하기도 해서, 조건문이나 사실과 다른 절을 이끄는 데 쓰이기도 한다. She eats chocolate **like** it's going out of style. 격식이 필요가 없는 일상 대화나 글쓰기에서는 이처럼 절을 이끌기 위해 like를 써도 된다. 그렇지만 정확한 문법을 구사해야 하는 상황이라면, 절 앞에는 as가 나와야 한다는 규칙을 상기하라. "Winston tastes good **like** a cigarette should."라는 예전의 악명 높았던 담배 광고를 떠올려 보라. 담배가 몸에 해롭듯 like도 틀렸다고 생각하고, like 대신에 as를 넣어 주면 된다. 그러나 평상시라면 편한 쪽을 써도 상관없다.

like / such as

어느 것이 올바른가? Rachel prefers cool colors, [**like/such as**] blue, violet, and aqua. 이것은 취향의 차이일 뿐 어떤 것을 선택해도 된다. 내 생각으로는 like가 더 듣기 좋고 such as는 너무 예의를 차린 듯하다. 물론 뜻에 따라 예의를 차릴 필요도 있으니 그때그때 맞게 대처하면 된다. “I’ve got my reasons for always using **like**,” said Rufus T. Firefly. “**Such as**?” said Mrs. Teasdale.

loath / loathe

e가 없는 것이 형용사이며, to와 함께 쓰여서 무엇인가를 주저하거나 마지못해 하는 행동을 표현한다. Dmitri is **loath** to eat in Indian restaurants. e가 있는 것은 동사이다. He **loathes** chicken vindaloo.

may / might

이 둘의 구분은 미묘하다. 현재 시제라면 may보다 might가 많이 쓰이며 불확실한 상황을 나타낸다. something that might happen은 something that may happen보다 일어날 가능성이 낮은 일을 뜻한다. 더 알아보려면 90~91쪽을 참고하라.

nauseated / nauseous

이것은 ‘역겨워하는’과 ‘역겨운’의 차이다. 역겨운(nauseous) 것을 보고 역겨워하는(nauseated) 것이다. 따라서 절대 “I’m **nauseous**.”라고 말하면 안 된다. 비록 당신이 역겨운 사람이라 해도 그것을 인정할 필요는 없지 않은가! “I’m **nauseated** by that **nauseous** cigar!" said Ethel.

on to / onto

'~위에' 혹은 '무엇인가를 인지하고 있는'이라는 뜻이라면 onto를 써야 한다. The responsibility shifted **onto** Milo's shoulders. "I'm really **onto** your shenanigans," he said. 그런 뜻이 아니라면 on to를 써야 한다. Hang **on to** your hat. 가끔은 on과 to 사이에 ahead나 along이 있다고 생각해 봄으로써 제대로 쓰였는지 확인해 볼 수 있다. Milo drove **on** (ahead) **to** Chicago. He was moving **on** (along) **to** better things. 이와 비슷한 경우인 in to와 into에 대해 궁금하다면 147~148쪽을 참고하라.

oral / verbal

이 단어들은 뜻이 비슷하지만 같지는 않다. oral은 '입을 통한' 혹은 '말을 통한'이라는 뜻이다. verbal은 '말이나 글을 통한'이라는 뜻이다. 이 때문에 verbal이 오해를 일으키는 경우가 많다. verbal contract라면 글로 쓴 것인가, 말로 한 것인가? 어느 쪽도 가능하다. 말인지 글인지가 중요하다면 '말을 통한'이라는 뜻으로는 oral을, '글을 통한'이라는 뜻으로는 written을 쓰도록 하라. 영화 제작자였던 골드윈(Samuel Goldwyn)의 'A verbal contract isn't worth the paper it's written on.'이라는 명언도 그래서 자주 오해를 일으킨다.

>> KEMPT & COUTH

어떤 단어들은 참으로 어둡다. 전혀 긍정적인 구석이 없고 그저 부정적이기만 하다. unkempt, inept, disgruntled, uncouth

같은 단어들이 그렇다. look kempt(말끔하게 보이다), be couth (세련되다)와 같은 표현을 농담으로 쓸 수도 있지만, 그런 표현들은 거의 쓰이지 않거나 제멋대로 만들어낸 것일 뿐이다. unkempt 나 uncouth는 반대어가 존재하지 않는 단어들이다.

반대어가 없거나 반대어가 거의 사라진 단어로는 다음과 같은 것들이 있다. debunk, disappointing, disconcerting, disconsolate, disheveled, dismayed, immaculate, impeccable, inadvertent, incapacitated, inclement, incognito, incommunicado, incorrigible, indefatigable, inevitable, indomitable, insipid, misnomer, mistake, nonchalant, noncommittal, nondescript, nonpareil, nonplussed, unassuming, unbeknownst, ungainly, unwieldy.

또한 접두사 im이나 in이 있어서 어떤 단어의 반대어처럼 보이는 단어들도 있다. 하지만 im이나 in은 강조나 강렬함을 나타내는 경우가 많다. intensify나 instead가 그런 경우이며, insure, impromptu, inscribe, inflammable 역시 거기에 속한다. inflammable에 대한 추가적인 내용은 144쪽을 보라.

ought / ought to

어느 것이 올바른가? ought to를 쓴다면 틀릴 일이 없다.

부정문에서는 원한다면 to를 생략할 수 있다. Children **ought** not take candy from strangers. Pigs **ought** never be allowed in the kitchen.

overwhelming / overweening

우리에게 친숙한 단어인 overwhelming은 말 그대로 '지나친', '과도한'이라는 뜻이다. overweening은 다소 낯설지만 무척 유용한 단어로, '자만에 찬' 혹은 '가식적인'이라는 뜻이다. The arrogance of that **overweening** little jerk is simply **overwhelming**.

palate / palette / pallet

독자들은 이 세 단어를 잘 구별하는지 모르겠지만 나는 매번 사전을 뒤져야 한다. palate는 '입천장'과 '미각'이라는 뜻을 갖고 있다. palate의 철자를 재배열해 보면 a plate가 나오기도 하니 먹는 것과 관련지어 생각하면 된다. palette는 화가가 물감을 섞는 판이며, 색채의 범위를 의미하기도 한다. pallet은 투박한 침상으로, 대개 짚 따위의 소박한 재료로 만든 매트리스를 말한다. Vincent painted his supper, then ate it. Having satisfied his **palate**, he cleaned his **palette**, and retired to his **pallet**.

pore over / pour over

pore over는 무척 흥미로운 책에 대해서 우리가 보이는 행동이다. 그러나 그 책 위에 pour over하는 것은 무엇인가를 쏟는 것이기 때문에 책을 대하는 잘못된 태도라고 할 수 있다. While Charlotte **pored over** a steamy novel, the bathtub **poured over**.

presume / presumptive / presumptuous

이 단어들에 대해서는 assume/presume을 설명한 130~131쪽을 참고하라.

principal / principle

이 두 단어가 여전히 혼동되는가? principal은 지도자의 역할, 즉 principal한 역할을 하는 우두머리이며 그 예로는 교장이 있다. 그와는 달리 principle은 원칙이나 기준을 의미한다. 철자를 이용한 예문을 통해 이렇게 외워 보자. If you're good in school, the principal is your p-a-l.

prophecy / prophesy

prophecy는 명사로서 '예언'을 말한다. prophesy는 동사로서 '예언하다'라는 뜻이다. 두 단어의 발음 또한 달라서, prophecy는 'see' 소리로 끝나고 prophesy는 'sigh' 소리로 끝난다. Madame Olga charged $50 per **prophecy**, claiming that she could **prophesy** fluctuations in the commodities market.

rack / wrack

죄책감으로 괴로워하고 있다면 racked with guilt인가, wracked with guilt인가? 세금 정산을 하는 시기는 nerve-racking한가, nerve-wracking한가? 망하기 직전이라고 말할 때 brink of rack and ruin이라고 할까, brink of wrack and ruin이라고 할까? 당신의 심정을 이야기하는 것이라면 대부분의 경우 '고문 받는', '긴장한', '피곤한', '벌을 받는'이라는 뜻의 racked를 쓰면 된다. 중세의 고문 도구였던 rack을 생각하면 쉽다. 그러나 당신이 완전히 파괴된 상태라면 wracked를 써야 한다. You're wreckage on the beach of life. 에서처럼 wreck과 wrack이 서로 친척뻘인 단어임을 생각하면 된다. 정리를 하자면, You are **racked** with guilt, you've had a nerve-

racking time, and you're facing **wrack** and ruin.이 된다. rack이건 wrack이건 둘 다 쓸 일이 없기를 바란다.

raise / rise

raise한다는 것은 무엇인가를 들어올린다는 뜻이다. 따라서 항상 들어올릴 대상이 있다. rise한다는 것은 일어난다는 뜻이다. When they **raise** the flag, we all **rise**. raise와 rise의 과거형에 대해서는 96쪽에 좀 더 나와 있다.

ravage / ravish

퀸 엘리자베스 호가 홍콩 항에서 불에 타버렸을 때, 미네소타의 한 신문은 'Queen Elizabeth Ravished'라는 헤드라인을 실었다. 본래 하고 싶었던 말은 '훼손되다', '파괴되다'를 의미하는 ravaged였을 것이다. ravish에는 '정욕'의 의미가 담겨 있어서, '(감정이나 힘으로) 앗아가다, 탈취하다' 혹은 '강간하다'를 뜻한다. 그러나 요즈음 ravish는 폭력적인 의미보다는 감정적인 의미로 더 많이 쓰인다. Though it was **ravaged** by the cleaners, the dress still looked **ravishing**.

regretfully / regrettably

후회로 가득 찬 사람은 regretful하며, regretfully하게 한숨짓는다. 후회의 원인은 regrettable하며, regrettably하게도 그 상황은 변치 않는다. Hazel **regretfully** swept up the Ming vase, which **regrettably** had smashed to smithereens.

reluctant / reticent

이 두 단어는 서로 전혀 연관이 없다. reluctant한 사람은 내키지 않아 하지만, reticent한 사람은 과묵하다. The **reluctant** bride was **reticent** when asked to say "I do." 참고로 reticent는 tacit(언급되지 않은)나 taciturn(말이 없는)과 마찬가지로 '침묵을 지키다'라는 뜻의 동일한 라틴어 동사에서 유래하였다.

set / sit

set한다는 것은 무엇인가를 놓는다는 뜻이다. 따라서 항상 놓이는 대상이 있다. sit한다는 것은 앉는다는 뜻이다. **Set** the groceries on the counter and **sit** at the table. set과 sit의 과거형에 대해 알고 싶다면 96쪽을 보라.

sight / site

sight는 눈에 보이는 것이고 site는 장소다. On their Wally World vacation, the Griswolds saw the usual **sights** and visited the usual **sites**.

sneaked / snuck

sneak의 전통적인 과거형은 sneaked이지만 snuck의 쓰임이 은근히 늘고 있는 추세이다. 나는 snuck라는 단어를 사용하지 않지만, 사전을 보면 이제 snuck도 바른 용법으로 실려 있다. 그러나 순수주의자들은 아직도 snuck을 무시한다. 그러므로 격식을 차린 말이나 글에서는 쓰지 않는 것이 좋다. Your Honor, the defendants **sneaked** into the kitchen and stole Rachel's recipe. 309쪽도 참고하라.

spade / spayed

이 단어들을 혼동하면 아마도 수의사들이 엄청난 두통을 앓게 될 것이다. spade는 작고 얇은 삽을 말한다. 중성화 수술을 받은 암캐나 암고양이는 spayed된 것이다. 정원을 spade하면 파헤친다는 뜻이고 고양이를 spay하면 새끼를 갖지 못하게 미연에 방지한다는 뜻이다.

Ashley took up a **spade** and **spaded** the flower bed, while Melanie took Boots to be **spayed**.

stationary / stationery

stationery(종이)가 stationary(고정된)되어 있다면 책상에서 미끄러지는 일 없이 그 위에 글을 쓸 수 있을 것이다. 외우기 위한 방법 하나는, stationery와 paper에 공통적으로 er이 있다고 기억하는 것이다.

"If you haven't become **stationary**, Barney, please get up and bring me my **stationery**," said Thelma Lou.

than / then

He's taller **then** his brother.라고 쓰인 문장을 보면 신경이 곤두서는가? 그렇지 않다면 반성해야 한다. than과 then은 발음만 비슷할 뿐이다. more **than**이나 less **than**처럼 두 가지를 비교하거나 대조할 때는 than을 쓰라. 한 가지 일이 다른 일 다음에 일어나거나 다른 일의 결과로 생긴다면 Look, **then** leap.에서처럼 then을 쓰라.

The next morning, Paolo was sicker **than** a dog. He took some aspirin, **then** went back to bed. "If gin disagrees with you, **then** avoid it," said Francesca. than이 I, me, he, she 등의 대명사 앞에 오는 경우에 대해서는 30쪽을 참고하라.

there are / there is / there's

이 경우 두 가지를 명심해야 한다. 뒤에 단수가 오면 항상 there is나 there's를 쓰라. 복수가 온다면 there are를 쓰면 된다. **There are** eggs in the fridge, but **there is**(혹은 **there's**) no bacon. there's가 편리하다는 것은 나도 알고 있다. 하지만 모든 경우에 쓸 수 있는 건 아니다. 85쪽을 보면 단수와 복수에 쓰이는 there의 용법에 대해 좀 더 알 수 있다.

though / although

이 둘은 서로 바꿔 쓸 수 있다. 그렇지만 다음 두 가지 경우에는 though만 쓸 수 있다.

> as though나 even though의 경우
> however의 의미로 쓰이는 경우. Madame Olga predicted it would rain in Brazil; it didn't, **though**.

till / until

둘 다 바른말이지만 til은 틀린 말이다. until은 up이나 since와 함께 사용할 필요가 없다. **Until**(혹은 **Till**) recently, Sluggo's tie was spotless.

NOTE 많은 사람들의 생각과는 달리 till은 until의 줄임말이 아니다. 오히려 till이 먼저 생긴 단어이다. un이라는 접두사는 나중에 붙었으며, 결국에는 마지막의 l이 이전의 untill에서 떨어져 나갔다. 그래서 똑같은 뜻을 가진 till과 until이 남았다.

tortuous / torturous

첫 단어는 '구부러진', '비틀린', '구불구불한'이라는 뜻이다. 두 번째 단어는 torture라는 어근으로 짐작할 수 있듯이 '고통스러운'이라는 뜻이다. On the **tortuous** drive through the mountains, Jake developed a **torturous** headache.

trooper / trouper

유니폼을 입는 사람이 trooper이다. trouper는 troupe의 일원으로, '연기자' 혹은 '믿을 만한 사람'이다. Lars was a real **trouper** when the touring company's bus was stopped by a state **trooper**.

try and / try to

공식적인 상황이라면 try to가 더 좋은 표현이다. Sir Winston insisted the Lord High Chancellor **try to** improve the efficiency of the courts. 그렇지만 try and는 수백 년간 쓰여 왔으며, 일상적 글쓰기와 대화에서 아무 문제 없이 사용된다. "**Try and** make me," said the Lord High Chancellor.

while / wile

while away는 빈둥거리며 시간을 보낸다는 뜻이다. Moose blew the exam by **whiling** away his time instead of studying. 어떤 사전에는 이제 wile away도 실려 있지만, 그것은 오타로 시작된 것이기 때문에 나는 원래의 철자를 고집하겠다. wile은 속임수나 꾀을 의미한다. Despite all his **wiles**, Moose failed to sway the professor. while에 대해 더 알아보려면 166쪽을 참고하라.

will / would

이 단어들은 다른 동사와 짝을 이뤄 쓰일 때 종종 혼동을 일으킨다. He says he **will**.처럼 앞의 동사가 현재 시제라면 will을 쓰고, He said he **would**.처럼 앞의 동사가 과거 시제라면 would를 쓰라. 좀 더 알고 싶다면 110쪽을 참고하라.

제대로 쓰지 않으려면 쓰지 말아야 할 단어들

both

both 뒤에 짝을 이뤄 나오는 사람, 동작, 물체, 생각 등의 단어들은 반드시 동일한 기능을 하거나 같은 부속물을 가져야 한다.
만약 한 단어에 as, by, for, to 등의 전치사가 붙었다면 다른 단어에도 같은 전치사가 붙어야 한다. Phineas has proposed both **to Mary** and **to Laura**. 혹은 Phineas has proposed to both **Mary** and **Laura**.라고 써야 한다.
한 단어가 동사나 형용사라면 다른 단어도 반드시 같은 품사라야 한다. His attentions both **pleased** and **flattered** them. 혹은 His attentions were both **pleasing** and **flattering**.이라고 써도 된다.

comprise

'포함하다' 혹은 '담고 있다'라는 뜻이다. Vladimir's butterfly collection **comprises** several rare specimens. comprised of는 쓰지 말라. included of라고 하지 않는 것과 마찬가지의 이유에서다.

composed of나 consists of의 경우에는 of가 제대로 쓰인 것이다.

couple

of와 함께 쓴다. Elaine considers them a **couple of** idiots. 그러므로 Elaine considers them a **couple** idiots.는 잘못된 표현이다. 마찬가지로 plenty of, type of, variety of, breed of, kind of가 맞다. What **breed of** dog is Chumley?

NOTE couple은 단수도 되고 복수도 된다. 46쪽과 83쪽을 참고하라.

depend

on과 함께 쓴다. "Well," said Buster, "that **depends on** what (**depends what**이 아니다.) you mean by housebroken."

due to

문법적으로 완벽하게 쓰고 싶다면 caused by(~때문에 일어난) 혹은 resulting from(~에서 기인한)이라는 뜻으로만 due to를 쓰라. The damage was **due to** moths. 그런데 최근 사전에는 because of (~ 때문에)나 on account of(~로 인해)라는 뜻으로도 실리기 시작했다. Richie threw the suit away **due to** the hole. 그렇지만 이런 뜻으로 사용하면, 특히 문장의 처음에 사용하면 신경에 거슬리므로 주의하는 것이 좋다. **Due to** the hole, Richie threw the suit away.

equally as

as는 빼라. Ken and Midge are **equally** obnoxious. 또는 Ken is **as** obnoxious **as** Midge.

forbid

to와 함께 쓴다. 절대 from과 함께 쓰지 않는다. I **forbid** you **to** spit.(I **forbid** you **from** spitting.이 아니다.) 같은 뜻으로 forbid를 ing가 붙은 단어와 함께 써도 좋다. I **forbid** spitting. forbid에 대해 더 알고 싶다면 95쪽을 보라.

graduated

다음 예문을 통해 바른 용법을 익히자.

옳은 문장 : Moose **graduated** from college.

옳은 문장 : Moose was **graduated** from college.

옳은 문장 : The college **graduated** Moose.

틀린 문장 : Moose **graduated** college.

hardly

hardly는 부정적인 동사와 함께 쓰이지 않는다. 따라서 She **can't hardly** see without her glasses.라고 쓰지 않는다. 부정적인 단어를 중복해서 쓸 필요가 없기 때문이다. 다음 두 문장은 올바른 경우다. She **can hardly** see without her glasses. She can't see without her glasses.

hardly / scarcely / no sooner

when이나 than과 함께 쓸 때 주의해야 할 단어들이다. when은 hardly나 scarcely와 함께 쓰인다. We had **hardly** begun to cook **when** the smoke alarm went off. 혹은 We had **scarcely** begun to cook **when** the smoke alarm went off. than은 no sooner와 함께

쓰인다. **No sooner** had we begun to cook **than** the smoke alarm went off.

hence

사촌뻘인 whence처럼 hence는 그 의미에 from이 들어 있어 '여기서부터(from here)', '지금부터(from now)'라는 뜻이다. 그러므로 hence와 함께 쓰는 from은 군더더기다. "My birthday is three days **hence**," said Corky, "and I could really use a dehumidifier." hence는 '그러므로'의 뜻으로 쓰이기도 한다.
It's damp, **hence** the mildew.

HIV

이것은 AIDS 바이러스로, '후천성면역결핍증 바이러스'라는 뜻이다. 바이러스가 이미 단어의 일부로 들어가 있으므로 중복해서 쓰지 않도록 하자. He's doing research on **HIV**.(on the HIV virus가 아니다.)

inside of

of를 빼야 한다. Penelope keeps her hankie **inside** her glove.

kudos

이 단어는 Bart won **kudos** for his skateboarding skill.에서 볼 수 있듯이 '칭찬' 혹은 '영광'이라는 뜻의 단수명사지, 존재하지도 않는 단어 kudo의 복수형이 아니다. 누군가 s가 없는 kudo라는 단어를 만들어내는 건 용납할 수 없다.

likely

likely(동사와 함께 쓰이는 경우)로 동작을 묘사하는 경우 likely만 쓰면 안 된다. 반드시 앞에 very나 quite나 most 중 하나를 써야 한다. Nathan will **quite likely** lose his shirt at the track.(will likely lose는 틀린 표현이다.) 혹시 is likely to를 선호한다면 써도 좋다. Nathan **is likely to** lose a bundle, and Miss Adelaide **is likely to** kill him.

myriad

본래 '1만'이라는 뜻이었지만 이제는 Little Chuckie has **myriad** freckles.에서처럼 '수많은'이라는 뜻의 형용사가 되었다. 혹은 '많은 수'라는 뜻의 명사로, He has **myriads**(혹은 **a myriad**) of them. 처럼 쓸 수도 있다.

oblivious

to 대신 of와 함께 쓰는 것이 낫다. Olivia was **oblivious of** her liver.

only

대화나 일상 언어에서가 아니라면 only를 but이나 except 대신 쓰면 안 된다. I would go to Paris, **but**(only가 아니다.) I'm broke. only에 관해 더 알아보려면 172~173쪽을 참고하라.

prohibit

절대 to와 함께 쓰지 말고 from과 함께 써야 한다. The rules **prohibit** you **from** spitting.(The rules **prohibit** you **to** spit.은

틀린 문장이다.) 다르게 쓰고 싶다면 prohibit을 ing가 붙은 단어와 함께 쓰라. The rules **prohibit** spitting. prohibit에 대해 좀 더 알고 싶다면 95쪽을 참고하라.

whence

from whence라고 쓰지 않는다. whence의 의미에 from이 들어 있기 때문이다. whence는 '~한 곳으로부터(from where)'라는 뜻이다. Go back **whence** you came, brigand! hence나 thence 역시 from이라는 의미를 포함하므로 단독으로 쓰면 된다. 이런 단어들과 사촌뻘인 whither, hither, thither는 의미에 to가 들어 있다. 이러한 고색창연한 단어들을 굳이 쓰고 싶다면 제대로 알고 쓰자. 앞서 나온 hence도 다시 읽어 보라.

whether or not

or not은 대체로 빼도 좋다. Phoebe knows **whether** Holden is telling the truth. 146~147쪽의 if / whether도 참고하라.

while

본래 뜻은 '~하는 동안'이다. Doc whistles **while** he works. 그렇지만 문장이나 절을 이끄는 while은 although나 whereas의 뜻으로도 받아들여지게 되었다. **While** Grumpy can whistle, he prefers not to. 160쪽과 308쪽의 내용도 참고하라.

NOTE 만약 while을 although 대신 쓴다면 '~하는 동안'의 의미로 오해될 여지가 절대 없도록 하라. 도저히 동시에 일어날 수 없는 일이 함께 벌어지고 있다는 인상을 줄 수 있기 때문이다. **While** Dopey sleeps late, he enjoys vigorous exercise. 이것은 Dopey가 몽유병 환자라야 가능한 일이다. a while과 awhile의 용법은 바로 다음에 이어진다.

한 단어인가, 두 단어인가?

a while / awhile

많은 사람들이 이 둘을 구별하지 못한다. a while은 '얼마간의 시간'이라는 뜻이고 awhile은 '한동안(for a while)'이라는 뜻이다. awhile의 뜻에 for가 들어 있으니 for를 덧붙일 필요는 없다. 힌트를 주자면, a while은 주로 after, for, in 등의 전치사 뒤에 오며, awhile은 동사 뒤에 온다. Heloise rested **awhile**; she put her feet up and dozed for **a while**. while에 대해서는 앞부분과 160쪽을 참고하라.

all ready / already

이 둘은 같은 뜻이 아니다. all ready는 '준비된'이라는 뜻이고, already는 '이미'라는 뜻이다. Carrie and Samantha are **all ready** to boogie; in fact, they've **already** started.

all together / altogether

이 둘은 서로 다르다. all together는 '다 함께', 즉 '모두 한꺼번에' 혹은 '모두 한 자리에'라는 뜻이다. Bertie's aunts were **all together** in the living room. altogether는 '합해서' 혹은 '전적으로'라는 뜻이다. **Altogether** there were four of them. Bertie was **altogether** defeated.

any more / anymore

any more는 '추가적인'이라는 뜻으로 쓰고 anymore는 '요즘에는' 혹은 '더 이상'이라는 뜻으로 쓰라. Shep won't be chasing **any more** cars. He doesn't get around much **anymore**.

any one / anyone

anybody로 대체할 수 있다면 한 단어인 anyone이 맞는 경우이며, 그렇지 않다면 두 단어인 any one을 쓰면 된다. **Anyone** can fool Lumpy. **Any one** of his friends is smarter than he is. 뒤에 나오는 every one/everyone도 참고하라.

any place / anyplace

anywhere로 대체할 수 있다면 한 단어인 anyplace를 쓸 수 있다. 그런데 대개는 anywhere가 더 나은 표현이다. 대체할 수 없다면 두 단어인 any place를 쓰라. I can afford to live **anyplace**, but I can't live in **any place** that doesn't accept pets.

any time / anytime

'일정량의 시간'을 뜻한다면 두 단어인 any time을 쓰고, whenever로 대체할 수 있다면 한 단어인 anytime을 쓰라. The boss will see you **anytime** she has **any time**.

any way / anyway

'어쨌든'이라는 뜻이라면 한 단어인 anyway를 쓰면 된다. 아니라면 두 단어인 any way를 쓰는 것이 옳다. anyways는 절대로 쓰지 말라. I don't know of **any way** to visit the dungeons without bumping into Snape. You wouldn't want to see them, **anyway**.

every day / everyday

늘 혼동을 일으키는 단어들이다. 한 단어인 everyday는 형용사다. 명사를 수식하므로 주로 명사의 바로 앞에 쓰인다. "I just love my **everyday** diamonds," said Magda. '매일'이라는 시간을 나타내는 every day는 두 단어다. "That's why you wear them **every day**," said Eva.

every one / everyone

everybody로 대체할 수 있다면 한 단어인 everyone이 맞다. 그렇지 않으면 every one을 쓰라. **Everyone** fears Dagmar's children. **Every one** of them is a little terror.

문장을 망치기 쉬운 표현들

all ... not / not all

all ... not이 들어간 문장들은 대개 틀리기 쉽다. 따라서 all ... not 대신 not all을 쓰길 바란다. **Not all** Swedes are blond. 만일 **All** Swedes are **not** blond.라고 쓴다면 금발인 스위스 인이 한 명도 없다는 말이다.

as bad or worse than

다음과 같은 문장은 쓰지 말라. Opie's math is **as bad or worse**

than his English. 무엇이 잘못된 것일까? as bad as와 worse than 이라는 두 가지 비교법을 함께 쓰고 있는 것이다. 그런데 줄여서 as bad or worse than이라고 말해 버리면 as가 하나 빠진다. 다시 집어넣어 Opie's math is **as bad as or worse than** his English. 라고 쓰면 문법적으로 맞긴 하지만 거추장스럽다. or worse를 문장의 뒤쪽으로 빼주는 것이 더 나은 방법이다. Opie's math is **as bad as** his English, **or worse.**(or worse 대신 if not worse를 쓸 수도 있다.)

as good or better than

이것은 바로 앞의 경우와 똑같이 설명할 수 있다. 역시 두 가지 비교법을 나눠 주는 것이 좋다. Harry's broom is **as good as** Malfoy's, **or better.**(or better 대신 if not better를 쓸 수도 있다.)

as much or more than

이 또한 앞에 나왔던 as bad or worse than의 경우와 똑같은 경우다. 두 가지 비교법을 한꺼번에 쓰지 말고 나누어 쓰도록 하라. Otis loves bourbon **as much as** rye, **or more.**(or more 대신 if not more를 쓸 수도 있다.)

NOTE one of the … if not the라는 또 다른 흔한 실수를 피하기 위해서는 172쪽을 참고하라.

being as / being that

이런 하찮은 표현들은 종종 because나 since 대신 쓰인다. **Being that** he was hungry, he ate a piece of Grandma's fruitcake.

대화에서는 마지못해 참아 준다고 해도(나와 대화할 때는 제발 쓰지 말아 주기를!), 글에서는 피해야 할 표현들이다. Being as how 역시 나쁜 표현이다. 물론 이런 표현을 사용한다고 해서 범죄가 되는 건 아니지만, 발레 공연을 보면서 코를 고는 것과 비슷한 결례라고 할 수는 있다. seeing as, seeing as how, seeing that도 because나 since 대신 써서는 안 된다.

either ... or

either와 or를 동전의 양면으로 생각하라. 따라서 양면이 대등한지 확인해야 한다. either 뒤에 주어와 동사로 이루어진 절이 이어지면, or 뒤에도 역시 똑같은 구조가 이어져야 한다. **Either** Kenny did **or** he didn't. either 뒤에 전치사로 시작되는 구조가 온다면, or 뒤에도 똑같이 전치사로 시작되는 구조가 와야 한다. Kenny is **either** at school **or** in trouble. either 뒤에 형용사가 온다면, or 뒤에도 형용사가 와야 한다. Truant officers are **either** spiteful **or** misguided. 요약하자면, either와 or에 뒤따라 나오는 동전의 양면 같은 부분들은 문법적으로 동일한 구조여야 한다. 주어라면 주어, 동사라면 동사, 전치사라면 전치사, 형용사라면 형용사가 똑같이 와야 한다는 것이다. 만약 그 양면이 일치하지 않는다면, 대개 either의 위치를 조정해서 문장을 바로잡을 수 있다. **Either** Mrs. McCormick is angry **or** amused.라는 잘못된 문장을 Mrs. McCormick is **either** angry **or** amused.라고 고치는 것이다.

NOTE 다음에 설명되는 neither ... nor와, not only ... but also, both ... and 등도 동전의 양면처럼 양쪽의 구조가 같아야 한다. 그리고 모두 either ... or의 경우처럼,

필요하다면 단어의 위치를 조정해서 양면을 대등하게 고쳐 주어야 한다. not only ... but also와 either ... or에 대해서는 82~83쪽을 참고하라.

neither ... nor

앞에 설명된 either ... or의 경우처럼, neither와 nor를 뒤따라오는 부분도 서로 대등해야 한다. neither 뒤에 명사가 온다면 nor 뒤에도 명사가 와야 한다. Oscar eats **neither** peas **nor** broccoli. neither 뒤에 동사가 온다면 nor 뒤에도 동사가 와야 한다. Oscar **neither** likes **nor** eats them. neither 뒤에 형용사가 온다면 nor 뒤에도 형용사가 와야 한다. Peas are **neither** tasty **nor** appetizing. 그렇지만 양면이 주어와 동사로 이루어진 절들이라면 nor 하나만 써도 된다. Oscar never eats peas, **nor** does he eat broccoli. 82~83쪽도 참고하라.

one of the ... if not the

이것은 틀리기 쉬운 표현이지만, 방법이 있다. Jordan was **one of the** best, **if not the** best, player on the team. 대체 무엇이 잘못되었을까? 앞 문장에서 if not the best를 빼도 옳은 문장이 되어야 하는데, 그 부분을 뺀다면 Jordan was one of the best player on the team.이 남는다. one of the best player라니? 두 번째 비교를 차라리 문장의 뒤쪽으로 빼 주는 것이 낫다. Jordan was **one of the** best players on the team, **if not the** best.

only

only는 '다만', '단독으로', '오로지' 등의 다양한 뜻이 있어 파악하기 힘든 단어로, 문장 어디에나 쓰이는 것을 볼 수 있다. 심지어는 잘못된 위치에까지 쓰인다. only를 바른 자리에 쓰려면 특별히 지목하고 싶은 단어나 구절 바로 앞에 두면 된다. 다음 문장을 예로 들어보자. The butler says he saw the murder. only를 다양한 곳에 넣음으로써 문장에 여러 다른 의미를 부여할 수 있다. 밑줄 친 단어들을 눈여겨보자. 그 단어들이 문장 내에서 특별히 주목받는 것이다.

> **Only** the butler says he saw the murder.
> (다른 누구도 아닌 집사만이, 자신이 살인을 보았다고 말한다.)

> The butler **only** says he saw the murder.
> (집사는 자신이 살인을 보았다고 말만 할 뿐 증명은 못한다.)

> The butler says **only** he saw the murder.(집사는 다른 사람은 살인을 보지 못했고 자신만 보았다고 말한다.)

> The butler says he **only** saw the murder.
> (집사는 살인을 보았을 뿐 듣거나 하지는 않았다.)

> The butler says he saw **only** the murder.
> (집사는 다른 것은 보지 못했고 살인만을 보았다.)

only는 외로운 존재다. only를 문장 아무 곳에나 성의 없이 넣지 말고 강조하고 싶은 단어 바로 앞에 넣는 습관을 들이도록 하자.

NOTE only를 정확한 위치에 사용하는 것은 뜻을 명확하게 하기 위해서다. 위의 예를 통해서 볼 수 있듯, only의 위치가 바뀌면 문자의 의미도 크게 달라진다. 그렇지만 격식을 차리지 않은 글이나 대화에서는 오해의 여지가 적다면 only를 편하게 사용해도 좋다. 대개 동사 앞이 자연스럽다. I'm **only** saying this once. This food can **only** be called swill. 문법적으로 올바른 I'm saying this **only** once.나 This food can be called **only** swill.은 오히려 좀 어색한 느낌이 든다.

reason ... is because

비슷한 의미의 단어들을 통해 중복이 무엇인지 보여주는 경우다. The **reason** Rex stayed home **is because** robbers tied him up. 의미가 반복되는 것을 느낄 수 있는가? because는 '그런 이유로(for the reason that)'라는 뜻이므로, 이 예문을 풀어서 쓰면 다음과 같다. The **reason** Rex stayed home is **for the reason that** robbers tied him up. 둘 중 하나만 골라서 쓰도록 하자. The **reason** Rex stayed home is that robbers tied him up. 혹은 Rex stayed home **because** robbers tied him up.도 좋다.

seeing as / seeing that

being as/being that이 나온 170~171쪽을 참고하라.

종이 한 장 차이의 단어들

gender

gender라는 단어가 sex 대신 쓰이지 않기를 빌자. 오래 전부터 쓰인 단어 sex는 라틴어 sexus에서 나왔으며, 예로부터 생물의 특징인 남성성이나 여성성의 구분을 의미해 왔다. Annie Oakley was a credit to her **sex**. 나아가 sex는 '성행위'까지 나타내게 되었다. gender는 '종류'를 뜻하는 문법 용어로, 언어에서 명사나 대명사를 남성, 여성, 중성으로 분류하는 법을 뜻한다. 어쩌면 성과 성의 역할에 대해 더 개방적으로 이야기하게 되면서, 어쩔 수 없이 성적인 의미가 전혀 없는 중립적인 단어로 성별을 구분할 필요를 느끼게 됐는지도 모른다. 그때 gender는 알맞은 대안으로 보였을 것이다. 그래서 Little Morgan plays with dolls of both **genders**.처럼 표현한다. 하지만 나라면 그냥 본래 단어인 세 글자의 sex를 쓰겠다. 제인 오스틴까지도 Miss de Bourgh is far superior to the handsomest of her sex.라고 썼으니, 나도 그렇게 쓸 것이다.

-man / -woman / -person

성별에 대한 이야기가 나왔으니 이것도 짚고 넘어가야 할 것 같다. 수천 년 동안 man이라는 단어는 인간 종족의 수컷과 인간 종족 자체라는 두 가지 의미로 쓰였다. 그러나 지난 반세기 동안 정서가 바뀌면서 이전의 의미는 불공평하다는 인상을 주게 됐다. man과 man이 붙은 단어들은 이제 인간 전체를 가리키는 적절한 단어가 아니며, 특히 여성에게 붙이면 안 된다. When Cynthia was **chairman**, she provided most of the **manpower**. 앞 문장에서 부적절한 단어가 무엇인지 금세 눈치 챘을 것이다.
지칭하려는 대상의 성별을 아는 경우라면 여성은 chairwoman, 남성은 chairman이라고 하면 어떨까? 모르는 경우라면 chairman 대신 head, spokesman 대신 press officer, fireman 대신 firefighter, congressman 대신 representative 등의 대체어를 쓰면 된다. person이 붙은 businessperson, chairperson, councilperson, spokesperson 등의 단어들을 사용할 수도 있지만, 내가 볼 때 그런 단어들은 대부분 어감이 투박하다.

ly가 붙은 못난이 단어들

명사를 수식하는 형용사를, 동사를 수식하는 부사로 바꾸는 것은 꽤나 쉽다. 예를 들어 neat라는 단어라면 ly를 붙여 neatly로 만들면 된다. It's a **neat** trick to pack a suitcase **neatly**. 깔끔하지 않은가?

그렇지만 뒤에 ly가 붙는 것을 좋아하지 않는 형용사도 있다. 특히 ugly, friendly, surly, jolly 등과 같이 이미 ly로 끝나는 경우에는 말이다. 물론 사전에서는 uglily, friendlily, surlily, jollily처럼 절뚝거리는 듯한 부사를 써도 된다고 하지만, 꼭 써야 한다고 말하는 이는 아무도 없다.
단어에 ly를 붙였는데 모양새가 깔끔하지 않다면 굳이 그러지 말라.

그런데 부사가 꼭 ly로 끝나야 하는 것도 아니다. 잘못 알려진 상식을 바로잡기 위해 slow와 slowly에 대해 설명한 311쪽을 참고하라.

기타 단어들

a / an

때로는 자잘한 것에서 실력이 드러난다. 예를 들자면, an은 모음 a, e, i, o, u로 시작하는 단어 앞에 오고, a는 '딱딱한' 발음인 b, c, d, f, g, h 등의 자음 앞에 온다는 규칙은 우리 모두가 알고 있다.
그렇지만 h가 모음처럼 발음되거나 u가 자음처럼 발음되는 경우에는 어떻게 해야 할까? 해결책을 알려 주겠다.

다음의 소리들로 시작되는 단어 앞에는 an을 쓰라.

> heir, hour, honor, herb처럼 묵음인 h.(미국인들은 herb의 h를 발음하지 않는다. 221쪽을 참고하라.)
> uncle, umbrella, underwear, umbrage처럼 'uh'로 짧게 발음되는 u.

다음의 소리들로 시작되는 단어 앞에는 a를 쓰라.

> hair, history, horror, hotel처럼 'h'로 발음되는 h.
> university, utopia, unisex, unique처럼 'yoo'로 길게 발음되는 u.
> eulogy, euphemism, European, eureka처럼 'yoo'로 발음되는 이중모음 eu.

and / or

Tubby, would you like apple pie **and/or** ice cream?과 같은 문장에 있는 and/or라는 흉한 표현은 없앨 수 있다. Tubby, would you like apple pie, ice cream, or both?

at

Where is Silvio **at**?처럼 at을 where와 함께 불필요하게 쓰는 것을 피하라. at은 덧붙이지 않아도 알 수 있는 내용이므로 Where is Silvio?라고만 써도 충분하다.

but

but은 흔히 '~만' 혹은 '단지'라는 뜻으로 쓰인다. but을 쓸 때는 but

이 부정어 사이에 복잡하게 얽히지 않도록 주의해야 한다. but에는 이미 부정적인 의미가 들어 있기 때문이다.

Tom **is but** a boy.(Tom **isn't but** a boy.가 아니다.)

Aunt Polly **weighs but** 105 pounds.(Aunt Polly **doesn't weigh but** 105 pounds.가 아니다.)

NOTE 공식적인 글에서는 help but이라는 표현을 자제하라. Huck **can't help but** look silly in those pants.와 같은 경우를 말한다. 평상시의 대화나 글이 아니라면 but을 빼고 ing형태를 넣자. Huck **can't help looking** silly in those pants.

etc.

이 축약어는 et cetera의 줄임말로, '그리고 다른 것들'이라는 뜻이다. 그러므로 'and etc.'라고 쓰거나 말하는 것은 중복된 표현이다. 최악의 경우는 'etc., etc.'라고 쓰는 것이다. Tony's business interests are diverse: waste management, luxury auto exports, pharmaceuticals, **etc**. 그리고 혹시 이 단어를 ek-SET-ra라고 발음한다면 부끄러워해야 한다. 이 단어에는 k 소리가 없다.(220쪽을 참고하라.)

of

필요없다면 쓰지 말라. Paulie says his new TV fell off **of** a truck. The missing warranty is not that big **of** a problem. 앞의 문장들에서 of를 잘라내라. Paulie says his new TV fell off a truck. The missing warranty is not that big a problem.(예외적인 경우는 310쪽을 참고하라.)

chapter

6

맞춤법 정복

철자를 완벽하게 쓰는 법

How To Be Letter Perfect

chapter

6

맞춤법 검사기는 당신의 가장 친한 친구이자 가장 두려운 적이 될 수 있다.
나는 맞춤법 검사기를 애용하며, 그것이 나를 구해 준 경우가 수없이 많다. 예를 들자면, 나는 substitution을 정확하게 입력하기가 힘들다. 손가락이 따라 주지 않기 때문이다. 맞춤법 검사기가 없다면 substitution이라는 단어 대신에 replacement나 stand-in이나 pinch hitter밖에 쓸 수 없을 것이다. 나는 또 the를 hte라고 오타를 내곤 한다. 아니면 the the라고 두 번 쓰기도 한다. 이런 나를 맞춤법 검사기가 매번 살려준다.

그렇지만 맞춤법 검사기가 든든하다고 해도 항상 도움이 되는 건 아니다. 방심하면 혼쭐이 날 수도 있다. 이 말을 영어로 다음과 같이 썼다고 생각해 보자. Turn your back on it, and it'll kick you in the but. 무엇이 잘못됐는지 알겠는가? 맞춤법 검사기는 but이 잘못되었다는 것을 잡아내지 못할 것이다. 누구나 알다시피 맞춤법 검사기는 철자만 같고 뜻이 다른 단어들을 구별하지 못하기 때문이다. but과 butt, need와 knead, sew와 sow 등이 그런 예이다.

비밀이지만, 맞춤법 검사기는 그다지 똑똑하지도 않다. 그것은 어떤 사람이 guerrilla든 gorilla든, desert에 살든 dessert에 살든, sweet tooth를 가졌든 suite tooth를 가졌든 개의치 않는다.

하지만 인간은 사정이 다르다. 우리에게는 way/weigh, rain/reign 등의 동음어나 not/now, affect/effect, how/who 등의 비슷해 보이지만 뜻이 다른 단어들의 작은 차이가 중요하다. 진짜 사람이라면, 앞의 단어 쌍들을 바꿔 쓰지 않는다.

여기서의 교훈은 컴퓨터가 당신 대신 생각을 해주리라고 기대하지 말라는 것이다. 맞춤법 검사기를 쓰는 건 좋지만, 그것이 실수를 모두 잡아내리라 믿으면 안 된다. 문서작성 프로그램에 사전이 있기는 해도, 아직까지 거기에 상식은 포함되지 않았다. 프로그램이 권한다고 해서 매번 자동으로 '바꾸기'를 누르지 말라. Or you'll be sorry. 대신 소리만 같은 oar Yule bee sari. 같은 문장이 나올지도 모른다.

사실은 맞춤법 검사기에도 맞춤법 검사기가 필요한데, 그것이 바로 당신이다. 철자가 어려운 단어를 미리 잘 알고 있으면 도움이 된다. 확신이 서지 않으면 진짜 사전을 이용해 작은 글씨로 된 내용을 읽어보라. 한 단어에 두 가지 철자법이 사용 가능하다고 나온다면 먼저 적힌 것을 사용하라. 아마 그 철자가 더 널리 쓰일 것이다.

문법 검사기는 흔히 생각하듯 그렇게 성능이 좋은 건 아니다. 최근의 문법 프로그램은 많이 나아졌지만, 그래도 어이없는 실수를 발견하지 못하는 경우가 많다. 재미로 다음 문장에 문법 검사기를 적용해 보았다. After peeing on the rug, Paris scolded her Chihuahua. 문법 검사기는 아무 말이 없었다. 검사기는 오줌을 싼 범인이 패리스가 아니라 치와와라는 것을 알아채지 못한 것이다. (이와 비슷한 문법 오류에 대해서는 챕터9를 참고하라.)

이제 늘 우리를 골치 아프게 하는 철자법을 알아보자. 여기에 없는 단어가 있다면 뒤의 색인을 찾아보라. 챕터5의 '헷갈리는 한 쌍'

부분에 있을 가능성도 있다.

주문 외듯 외워야 할 단어들

a hold

이 두 단어가 뭉쳐서 하나가 된 ahold는 이제 사전에도 실리긴 했지만 끔찍한 단어다. "Gal, you've really got **a hold** on me," said Roy.처럼 두 단어로 나누거나 "For heaven's sake, Roy, get **hold** of yourself," said Dale.처럼 hold만 쓰라.

a lot

alot이 아닌 두 단어다. Paulie hasn't seen his friends **a lot** lately. 참고로 동사 allot은 '나누어 주다'라는 뜻이다. He doesn't **allot** quality time to his relatives either.

absence

이 단어는 fence처럼 ce로 끝난다. Wishbone's **absence** was explained by a hole in the fence.

access

c와 s를 2개씩 쓰도록 하라. Fortunately, the campers didn't have **access** to the scoutmaster's computer.

accidentally

accidently라고 쓰면 안 된다. 뒤에 붙은 것은 ally다. Rachel needed

an ally when she **accidentally** ruined the dinner. 또한 incidentally도 ally로 끝난다는 것을 잊지 말라. **Incidentally**, the smoke alarms went off.

accommodate

c와 m이 2개씩 들어 있다. "I believe I can **accommodate** you, even without a reservation," said Mr. Fawlty.

achievement

achieve에는 i가 e보다 먼저 오고(187쪽을 참고하라.), ment를 더해도 마지막의 e가 유지된다. "Cheer up, Wilbur," said Orville. "Flying five hundred and forty feet is quite an **achievement**."

acknowledgment

acknowledge의 마지막 e는 ment를 붙일 때 떨어져 나간다. "I replied to your reply, but you failed to acknowledge my **acknowledgement**," said Howie, who liked to play email ping-pong.

acquaintance

첫 c를 빠뜨리면 안 된다. "I don't believe I've made your **acquaintance**, Mr. Firefly," said Mrs. Teasdale.

advertise / advertisement / advertising

z는 어디에도 없다. When Mr. Bernbach got his first job in **advertising**, he didn't **advertise** the fact that he'd never written an **advertisement**.

advisable

ible이 아닌 able로 끝난다. Rufus learned that it was not **advisable** to pinch Mrs. Teasdale. ible와 able에 대해서는 193~194쪽을 참고하기를 권한다.

aficionado

f나 c를 2개씩 넣고 싶은 유혹에 빠지지 않기를 바란다. 1개씩만 들어간다. Rube Goldberg was an **aficionado** of Cuban cigars, mostly Macanudos.

aging

e가 들어가지 않는다. "**Aging** is no fun," said Dorian.

ain't

이 단어를 굳이 써야겠는가? **Ain't** is still misbehavin'. 107쪽을 참고하라.

all right

바른 영어라면 두 단어로 나누어 써야 한다. "**All right**, Officer, I'll go quietly," said Gussie.

all-round

'다재다능한' 혹은 '다방면의'라는 뜻으로는 all-round가 all-around 보다 낫다. 단어에 철자를 더하기보다는 잘라내는 것이 더 나은 경우다. Shep is a good **all-round** dog.

altar

종교 행사에 쓰이는 가구라면 e가 들어가지 않는다. "Why, Vicar, that **altar** is just divine!" cried Lucia. '변경하다'를 뜻하는 동사는 alter다. "I wouldn't **alter** a thing!"

anywhere

절대로 anywheres라고 쓰지 말라. "The aliens could be almost **anywhere**," said Ripley.

appall

p와 l이 2개씩 들어 있다. "Mr. Slope's compliments **appall** me," said Signora Neroni.

arctic

artic이 아니다. 중간에 c가 들어 있다. 소문자로 시작하는 arctic은 극도로 추운 것을 의미한다. 대문자로 시작하는 Arctic은 북극을 뜻한다. 남극을 뜻하는 Antarctica 역시 중간의 c를 빠뜨리고 Antartica로 잘못 적기 쉽다. The **Arctic** expedition reached the North Pole. Next year's goal, **Antarctica**, is in the opposite direction. 나는 Coors(역주: 유명 주류 회사)의 대형 광고판에서 Artic Ice라는 냉음료 이름을 보고 깜짝 놀란 적이 있다. 버스 옆구리에 쓰여 있는 문구는 절대 믿지 말라. 216쪽도 참고하라.

>> i가 먼저일까, e가 먼저일까?

학창 시절, 우리는 다음과 같은 짧은 시를 외웠다.

i를 e보다 먼저 쓰라, c 다음일 때를 빼고.
혹은 '에이' 소리가 나는
neighbor, weigh 같은 단어일 때를 빼고.
Use i before e, except after c,
Or when sounded like a,
As in neighbor and weigh.

나는 지금도 e와 i가 나란히 나오는 단어들을 볼 때면 이 시를 이용해 철자를 확인한다. 예외가 없는 것은 아니지만, 까다로운 철자법에 대응할 수 있는 좋은 방법이다.
물론 이 규칙에 따르지 않는 특이한 단어들은 늘 있다. 가장 흔히 볼 수 있는 것들로는 weird, foreign, forfeit, height, leisure, neither, seize, sheik, species, their가 있다.

artifact

artefact가 아니다. e가 아닌 i가 들어 있다. "An 1840 saxophone is a rare **artifact**," said Lisa.

battalion

battle이라는 단어를 생각하라. t는 2개고 l은 1개다. Benito secretly played with a **battalion** of toy soldiers.

believe

ei가 아닌 ie가 중간에 들어 있다. 'c 다음일 때를 제외하고, i는 e보다 먼저 온다.'는 i와 e에 관한 오래된 규칙이 적용되는 예다. (187쪽을 참고하라.) Would you **believe** that Agent 86 lost his shoe phone?

benefited

t가 1개만 있다. Nobody in springfield ever **benefited** from the Merry Widow Insurance Company.

bused / buses

관습적으로 중간에 s를 1개만 쓴다. The Drones and their guests were **bused** in two gaily colored **buses**.

caesar

나는 이 단어를 외우기 위한 문장을 만들었다. 로마 황제 시저는 아침으로 무엇을 먹었는가? Cheese And Eggs Served All Runny. 좀 우습긴 하지만 단어는 확실히 외울 수 있다.

canceled

l을 2개 쓰지 말라. When the rain began, Pongo insisted that the Drones' outing be **canceled**. 그렇지만 명사 cancellation에는 2개의 l이 있다. "**Cancellation** might be wise," said Barmy.

cemetery

e가 3개라야 바르게 쓴 것이다. The Addamses don't mind living

next door to a **cemetery**.

collectible

온라인에서 경매로 물건을 파는 사람들은 잘 들으라! 이 단어는 able가 아닌 ible로 끝내는 것이 더 좋다. A cookie jar once owned by Andy Warhol is a rare **collectible**. able와 ible에 대해서는 193~194쪽을 참고하라.

commitment

앞부분 commit에는 m은 2개이지만 t는 1개뿐이다. Héloïse pressed Peter to make a **commitment**.

complexion

x가 들어 있어서 스크래블 게임(역주: 철자가 적힌 네모난 조각들로 단어를 만들어 점수를 따는 게임.)을 할 때 쓰기 좋다. The wind and sun were hard on Annie Oakley's **complexion**. 그리고 흔히 쓰이는 형용사형은 complexioned이므로 complected는 되도록 쓰지 말라. After years of riding the range, she was no longer smooth-**complexioned**.

concede

끝부분을 틀리기 쉽다. "I **concede**," Garry said to Big Blue. '시드' 소리로 끝나는 단어에 대해서는 203쪽을 참고하라.

conceive

c 다음이므로 e가 i의 앞에 온다. "I can't **conceive** why Henry considers it a problem," Anne said.

connoisseur

이것도 나를 괴롭히는 단어이다. James is a **connoisseur** of fast cars and slow food.

consensus

c는 맨 앞에 1개뿐이다. The Tudors and the Stuarts never arrived at a **consensus**.

credible

ible가 붙은 단어 중 하나이다.(193~194쪽을 참고하라.) "It's hardly **credible** that the dog ate your homework," said Miss Brooks.

deceive

c 다음이므로 e가 i의 앞에 온다. "Don't try to **deceive** me, Ugarte," said Louis.

defense

c는 어디에도 없다. The Hufflepuffs are weak on offense and not so great on **defense**, either.(발음에 대해서는 218쪽을 참고하라.)

definitely

a를 쓰고 싶은 유혹에 지지 말라. "It's **definitely** relative," said Albert.

descendant

끝부분은 ent가 아닌 ant이다. Diana was a **descendant** of

Georgiana.

desiccated

s는 1개이고 c는 2개이다. "A raisin is simply a **desiccated** grape," said Uncle Fester.

desirable

r 뒤에 e가 없다. Even on her bad days, Odette was **desirable**.

dessert

설탕(sugar)이 들어가니 s를 1개 더 넣자. Miranda looked around furtively, then had a second **dessert**. 138쪽의 deserts/desserts도 참고하라.

ecstasy

ecstacy가 아니고 s가 2개이다. x는 들어 있지 않다. Rona was in **ecstasy** when she spelled "syzygy" correctly. 218쪽의 ecstatic도 참고하라.

embarrass

r이 2개이고 s도 2개이다. Spock was not **embarrassed** by his pointy ears.

entrepreneur

두 번째 r을 빠뜨리지 말라. In his secret life, Walter was a fabulously wealthy **entrepreneur**.

exhilarate

h를 잊지 말자. Her husband's fantasies did not **exhilarate** Mrs. Mitty.

fiery

이 철자법은 중세 때부터 이어져온 것으로, 익숙해지는 수밖에 없다. The jalapeño was too **fiery** for Daniel's taste.

foresight

foresee처럼 첫 음절에 e가 들어 있다. Nostradamus prided himself on his **foresight**.

forfeit

i가 e 앞에 온다는 규칙의 예외이다. If you lose at strip poker, you **forfeit** your undies.

forgo

이것은 '~없이 지내다'라는 뜻으로 e 역시 없이 쓰인다. People who live in Fargo must **forgo** the beach. 그렇지만 '앞에 가다'라는 뜻의 forego에는 e가 들어 있으며, 그와 관련된 foregone, foregoing에도 e가 있다.

forward

e는 어디에도 없다. It takes **forward** thinking to write science fiction. e가 들어간 foreword는 '머리말'이라는 뜻이다. ward가 붙은 단어들에 대해서 더 알고 싶다면 207쪽의 toward를 보라.

fuchsia

흔히 쓰는 단어가 아니라서 다행이다. “Cerise is the new **fuchsia**!” said Elle.

fulfill

l이 중간에 1개, 뒤에 2개 들어 있다. The terminator was back to **fulfill** his promise. 207~208쪽도 참고하라.

>> able일까, ible일까?

어떤 단어가 able로 끝나는지 아니면 ible로 끝나는지를 구분하지 못하는 것은 한심한 일이지만, 얼마든지 피할 수 있는 문제다. able와 ible로 끝나는 단어들을 바로 쓰기 위해서는 사전을 찾아보는 것이 가장 쉽다. 그렇지만 사전이 없다면 able을 쓰는 편이 낫다. able가 ible보다는 훨씬 많이 쓰이기 때문이다. 흔히 접하게 되는 단어들을 살펴보자.

able : advisable, accountable, agreeable, allowable, believable, bendable, blamable, breakable, buildable, changeable, commendable, correctable, definable, delectable, desirable, detectable, doable, electable, enforceable, expandable, fixable, forgivable, indispensable, inimitable, irreparable, irritable, movable, noticeable, objectionable passable, perishable, portable, preventable, reliable, retractable, salable, transferable, venerable, variable, washable

ible : accessible, admissible, audible, collapsible, collectible, combustible, compatible, contemptible, convertible, credible, deductible, defensible, destructible, digestible, discernible, divisible, edible, eligible, fallible, flexible, gullible, horrible, incorrigible, invincible, irresistible, legible, negligible, ostensible, perceptible, permissible, plausible, possible, reprehensible, responsible, reversible, sensible, suggestible, susceptible, terrible, visible

gauge

language와 달리 a가 u 앞에 온다. The pressure **gauge** has gone haywire!

graffiti

f는 2개이지만 t는 1개이다. Anne kept busy by writing **graffiti** on the Tower walls.

grammar

굳이 말할 것도 없이 끝부분은 er이 아니다. Despite his name, Kelsey Grammer used good **grammar**.

guarantee

앞부분에 au가 아닌 ua가 들어 있다. There is no money-back **guarantee** that a cream can reduce cellulite.

guerrilla

r이 2개, l이 2개 들어 있다. Che raised a **guerrilla** army. gorilla

라고 쓰면 유인원이 된다.

harass

embarrass와 달리 r이 1개만 들어간다. "Door-to-door salesmen no longer **harass** me," Hannibal said. 221쪽도 참고하라.

impostor

ter로 끝나지 않고 tor로 끝난다. Ferdinand was a great **impostor**.

indispensable

ible가 아닌 able로 끝난다. "Nick, darling, you're **indispensable**," said Nora. able와 ible가 혼동된다면 앞에 나온 'able일까, ible일까' 부분을 보라.

inoculate

n은 1개만으로 충분하다. He escaped before Dr. Moreau could **inoculate** him.

intercede

이 단어도 '시드' 소리로 끝난다. 이런 단어들에 대해서는 203쪽을 참고하라. Apple decided to **intercede** in the software piracy case.

irresistible

able가 아닌 ible로 끝난다. "Nora, darling, you're **irresistible**," said Nick. 더 자세히 알고 싶다면 앞에 나온 'able일까, ible일까' 부분을 보라.

judgment

미국식 철자법에서는 g 다음에 e를 쓰지 않는 경향이 있다.(그러나 이 규칙은 acknowledgment에는 적용되지만, knowledgeable에는 적용되지 않는다.) "I never make snap **judgments**," said Justice Holmes.

knowledge

이 단어에 d가 들어 있다는 사실은 알 만한 사람은 다 알고 있을 것이다. "**Knowledge** and wisdom are not the same," said Professor Morgenbesser.

liaison

두 번째 i를 빠뜨리지 말자. Bonnie and Clyde had a dangerous **liaison**. 225쪽도 참고하라.

lightning

'번개'라는 뜻의 lightning에는 e가 들어가지 않는다. A bolt of **lightning** split the sky. e가 들어간 lightening은 lighten에서 나온 것이다. I'll bet she's **lightening** her hair.

liquefy

e가 들어 있다. The Wicked Witch would **liquefy** when drenched with water.

marshal

명사나 동사 모두 l이 1개만 들어가야 한다. **Marshal** Dillon told

Chester to **marshal** a posse. marshaled와 marshaling 역시 l이 1개만 들어간다. 참고로, 군사 정권에서 선포하는 계엄령은 martial law라고 쓴다.

marvelous

l이 1개다.(영국식 영어에서는 l이 2개다.) "Gertrude, that's a **marvelous** haircut!" said Alice.

memento

momento라고 쓰거나 발음하지 말라. memory의 mem을 생각하면 된다. The embroidered pillow was a **memento** of Niagara Falls.

millennium

l과 n을 아끼지 말라. The new **millennium** began with a whimper, not a bang.

minuscule

miniscule이 아니다. mini가 아닌 minus를 어근으로 생각하라. Barbie's accessories are **minuscule**.

minutiae

끝부분에 몰려 있는 모음들에 유의하라. Marcel loved writing about **minutiae**. 이 단어는 '사소한 일' 혹은 '세부 사항'이라는 뜻으로, mi-NOO-shee-ee로 발음된다. 단수형인 minutia는 mi-NOO-shee-uh라고 발음된다.

mischievous

i를 하나 더 넣어서 틀리게 쓰거나 잘못 발음하기 쉽다. Pugsley isn't a bad boy, just **mischievous**.(226쪽도 참고하라.)

niece

i가 e보다 먼저 온다는 규칙을 상기시켜 주는 좋은 예다. "Depend upon it," Jane wrote to her **niece** Fanny, "the right man will come at last."

noticeable

notice의 뒤에 able를 붙일 경우에는 e를 그대로 두라. Greta always worried that her big feet were too **noticeable**. 그렇지만 ing를 붙일 경우에는 e를 빼도록 하자. Was everybody **noticing**? 193~194쪽도 참고하라.

occasionally

흔히들 이 단어에 s를 2개 쓰곤 한다. Emma **occasionally** dabbled in matchmaking.

occur

c는 2개지만 r은 1개뿐이다. It didn't **occur** to Santiago to let the marlin go. 그렇지만 occurrence, occurred, occurring에는 r이 1개 더 들어간다.

orient

한 음절을 더 넣은 orientate를 사용하는 것이 큰 죄는 아니겠지만,

보기 싫은 데다 쓸데없는 짓이다. orient로도 충분하다. Indiana had to **orient** himself without a compass.

panicky

Nicole gets **panicky** before a screen test. ick가 들어간 단어를 보면 지레 겁을 먹는가? 그렇다면 다음에 나오는 'ick가 들어간 단어들'을 읽어 보라.

parallel

쌍으로 쓰인 것은 중간의 l밖에 없다. Annie's brother, Duane, lives in a **parallel** universe. His driving is **unparalleled**.

pastime

여기에는 2개가 쌍으로 쓰인 글자가 없다. Badminton is not Rafael's favorite **pastime**.

philippines

중간의 p만이 쌍으로 쓰였을 뿐이다. The crème de la crème of Imelda's shoe collection is in the **Philippines**. 형용사 Filipino는 스페인어에서 왔다. Many of her shoes are in a **Filipino** museum.

>> ICK가 들어간 단어들

garlic(마늘)을 좋아한다면 garlicky(마늘 맛이 나는)한 음식을 좋아할 것이다. 그런데 garlic에는 없는 k가 왜 garlicky에는 있는지 고민해 본 적이 있는가? 또한 왜 politics에는 없는 k가 politicking에는 있는 것일까? 이유는 다음과 같다.

어떤 단어가 거센소리가 나는 c로 끝난다면, ed, er, ing, y 등의 어미가 붙을 때 그 c 소리를 강하게 유지하기 위해 k가 들어간다. 그렇게 하지 않으면 c가 부드럽게 들릴 수 있기 때문이다. 예를 들자면, 복통(colic)을 앓는 아기는 colicky하다고 표현한다. 그런데 그것을 k 없이 colicy라고 쓴다면, 그 단어는 policy와 같은 운을 갖게 될 것이다. ick가 들어간 단어들을 살펴보자.

colic : colicky

frolic : frolicked, frolicker, frolicking

garlic : garlicky

mimic : mimicked, mimicking

panic : panicked, panicking, panicky

picnic : picnicked, picnicker, picnicking

politic : politicker, politicking

traffic : trafficked, trafficker, trafficking

playwright

write가 아닌 wright가 들어 있다. wright는 무엇인가를 만들거나 고치는 사람이다. "A wheelwright or a shipwright makes more money than a **playwright**," Anne told William.

pneumonia

p는 묵음이다. Calamity Jane's **pneumonia** was fatal.

portuguese

두 번째 u를 잊지 말라. Robert's pet name for Elizabeth was "my little **Portuguese**."

prairie

i가 2개 들어간다. Winter on the **prairie** was no picnic for the Ingalls family.

precede

cede가 사람들을 헷갈리게 한다.(203쪽을 참고하라.) Did the chicken **precede** the egg, or vice versa?

pretensions

tion이 아니다. tension처럼 sion이 들어간다. Wishbone is a little dog with big **pretensions**.

preventive

한 음절을 더 넣은 preventative를 써도 틀리지는 않지만 불필요하다. 간단하게 preventive를 쓰자. Sunscreen is a **preventive** measure.

privilege

i가 2개 먼저 나오고 그 다음에 e도 2개 나온다. "It's my **privilege** to serve you, sir," said Jeeves.

proceed

ceed로 끝나는 흔치 않은 단어 중 하나다.(203쪽을 참고하라.) "You

may **proceed**, counselor," said Judge Burke.

protester

tester라는 단어가 들어 있어서, tor가 아닌 ter로 끝난다. The **protesters** were testing the mayor's patience.

publicly

publically가 아니다. Fergie was **publicly** humiliated by the beach photos.

pursue

e는 맨 마지막에 한 번만 온다. The duchess hoped to **pursue** a literary career.

questionnaire

n을 2개 겹쳐 쓰라. The dating service asked Mr. Gallup to fill out a **questionnaire**.

rarefied

rarified가 아니다. i를 1개만 쓰라. 헷갈린다면 rare라는 단어로 시작된다는 사실을 기억하라. McCoy feared that the **rarefied** air in the Enterprise was enervating the crew.(enervating의 뜻을 모른다면 119쪽을 참고하라.)

>> '시드' 소리로 끝나는 단어들

'시드' 소리로 끝나는 단어들은 철자가 어렵기로 악명 높다. 딱

네 단어만 빼고는 전부 cede로 끝난다고 외워 두면 도움이 된다. 그 중 셋은 ceed로 끝나고 단 하나만이 sede로 끝난다.

cede : accede, antecede, cede, concede, intercede, precede, recede, secede 등

ceed : exceed, proceed, succeed

sede : supersede.

recede

e가 3개 들어가는데 전부 떨어져 있다. Marc expects hemlines to **recede** next year.

recommend

c가 1개만 들어간다. "I can't **recommend** the fruit salad," said Gustav.

regardless

이 단어가 i로 시작되는 irregardless와 혼동된다면 반성할 일이다. **Regardless** of what you may have heard, "irregardless" is irredeemable.

reminisce

끝의 sce에 유의하라. Marcel loved to **reminisce** about the past.

renaissance

첫 n을 2개 넣지 말라. We're seeing a **renaissance** in vinyl

records. 시대에 대해 말할 때는 비유적인 경우라도 r을 대문자로 쓰라. Leo is a **Renaissance** man.

restaurateur

n이 없으니 주의하라. 혹시 사전이나 맞춤법 검사기가 n이 있다고 하더라도 믿으면 안 된다. 어근의 의미는 restore(회복하다)이다. restaurateur는 회복시켜 주는 사람으로, 음식을 먹으며 활력을 회복하는 restaurant를 운영한다. When Apu became a **restaurateur**, he called his restaurant Curry in a Hurry.

rhythm

이 단어는 내게 골칫거리였는데, 어떤 선생님이 외우기 쉬운 방법을 알려주었다. Rhythm Helps Your Two Hips Move.를 외워보라. 첫 글자만 따면 rhythm이 된다. 이렇게라도 외우면 되는 것이다. "I got **rhythm**," said Ira. "Who could ask for anything more?"

sacrilegious

religious처럼 쓰고 싶어도 참으라. sacrilege가 어근이다. "Adding salt to my veal medallions is **sacrilegious**," said Daniel.

scissors

중간에 2개 그리고 양쪽의 끝에 1개씩, s가 모두 4개 들어 있다. "Now, where did I put the **scissors**?" said Edward.

seize

이것은 i가 e보다 먼저 온다는 규칙의 예외다. Tommy never

managed to **seize** the day.

separate

per를 쓰지 말고 par를 쓰도록 하자. Major Pollock and Sibyl sat at **separate** tables.

sergeant

첫 음절이 sar 소리가 나더라도 그렇게 쓰지는 않는다. "Carry on, **Sergeant**," said Inspector Craddock.

sherbet

이제는 사전에서 sherbert도 가능한 철자법으로 받아들이고 있지만, 이것이 주로 쓰이는 철자다. Miss Marple detected traces of arsenic in the **sherbet**.

siege

여기에는 i가 e보다 먼저 온다는 규칙이 적용된다. Brad and Angelina were under **siege** by the paparazzi.

skillful

l이 중간에 2개, 끝에 1개다. Tex was **skillful** with a lasso. ful이나 full이 들어간 단어들에 대한 더 자세한 내용은 207~208쪽을 참고하라.

sprightly

'활기가 넘치는'이라는 뜻의 단어라면 gh가 들어간다. spritely라고 쓰지 않는다. Ed and Trixie were feeling **sprightly**. 꼬마 요정이나 요술 도깨비를 닮은 상상 속의 인물 같다면 spritelike한 것이다. Ed looked **spritelike** in his leprechaun costume.

straitjacket / straitlaced

둘 다 gh가 들어가지 않는다. straightjacket이나 straightlaced가 아니다. **Straitlaced** people who go over the edge may find themselves in **straitjackets**. strait라는 단어는 라틴어의 strictus로부터 왔으며, '수축된' 혹은 '꽉 조인'이라는 뜻이다. straight는 앵글로색슨어의 stretch에 해당되며, '굴곡이 없는'을 의미한다. 참고로, 지리학에서 나오는 단어는 strait인데 the Strait of Gibraltar나 the Bering Strait처럼 해협을 칭할 때 쓰인다.

subtly

subtle에 ly를 붙일 때 e가 탈락된다. Anna's motto is "Apply makeup **subtly** and carry a big purse."

surveillance

여기에는 e가 i보다 먼저 온다. Smiley was pretty sure he was under **surveillance**. veil에 싸인 단어라고 생각하면 외우기 쉬울 것이다.

susceptible

ible가 들어가는 단어 중 하나다. 그리고 중간의 c 역시 잊으면 안 된다. Howard felt he was **susceptible** to colds. 193~194쪽을 참고하라.

temperament

발음하지 않더라도 두 번째 e를 빠뜨리지는 말라. Mr. Quilp had a terrible **temperament**.

toward

끝에 s가 없다. 영국식 영어에서는 towards라고 쓰지만 미국식 영어에서는 아니다. 미국식 영어에서는 backward, downward, forward, onward, upward 등에도 s를 붙이지 않는 것이 보통이다. George was last seen heading **toward** the buffet.

>> ful/full을 포함한 단어들

ful이나 full이 들어간 단어를 사용하는 방식을 보면, 그 사람이 철자법에 능통한 사람인지 아닌지를 알 수 있다. l이 1개일까, 2개일까? 알아야 할 모든 것이 여기에 있다.

단어의 끝에 온다면 l이 1개만 붙은 ful이다.
ful: armful, awful, beautiful, boastful, bountiful, careful, colorful, cupful, doleful, doubtful, dreadful, graceful, handful, harmful, helpful, hopeful, houseful, lawful, meaningful, mindful, mournful, mouthful, painful, peaceful, playful, powerful, rightful, shameful, sinful, skillful, spiteful, spoonful, stressful, tearful, teaspoonful, thoughtful, useful, wakeful, watchful, wonderful을 비롯해 많은 단어가 있다.
그렇지만 ly를 붙이게 되면, awfully, carefully, usefully, wonderfully 등과 같이 l이 2개가 된다. 앞에 나온 명사들의

복수형 만드는 법에 대해서는 43~44쪽을 참고하라.

단어의 처음에 온다면 full이나 ful 중 하나가 쓰인다.
ful: fulcrum, fulfill, fulminate, fulsome.
full: fullback, fullness. full로 시작되는 일부 어구는 full-blooded, full-blown, full-bodied, full-bore, full-fledged, full-scale, full-service, full-size, full-time 등과 같이 하이픈(-)이 들어간다. 반면 full circle, full house처럼 두 단어로 나뉘기도 한다.

ukulele

u가 2개 있다. Arthur played "For Me and My Gal" on the **ukulele**.

unnecessary

n과 s가 2개씩 겹쳐 있다. "Baldness is in," said Vin's girlfriend. "A toupee is **unnecessary**."

unwieldy

ly로 끝나지 않는다. Arnold's Hummer was **unwieldy** in the parking lot.

weird

ie가 아닌 ei로 써야 한다. "You're looking particularly **weird** this evening, Morticia, my love," said Gomez.

wholly

어근이 되는 whole은 e를 잃는 대신 l을 얻는다. Daryl ordered the **wholly** vegetarian refried beans.

yield

shield와 운이 맞고 철자법도 비슷하다. “What’s the **yield** on a T-bill?” said Ben.

chapter

7

말을 하자면

발음에 관한 사항들

Talking Points on Pronunciation

chapter

7

토마토를 tuh-MAY-toh라고 발음하든 tuh-MAH-to라고 발음하든 큰 상관이 있는가? 사실상 별 상관이 없다. 둘 다 괜찮다. 그렇지만 내가 아는 그 어떠한 사전에도, library를 LIE-berry라고 읽거나 asked를 AXED라고 읽어도 된다고 씌어 있지 않다. 물론 자신의 발음에 전혀 신경 쓰지 않는다면 다음의 내용에 관심이 없을 수도 있다.

단어를 잘못 발음하는 것은, 더 나쁘게는 다른 사람의 발음을 잘못 바로잡아 주는 것은, 교수형에 처할 만한 범죄(offense: 이 단어를 어떻게 발음하는지에 대해서는 챕터7의 뒤쪽에 나온다.)는 아니다. 하지만 잘못된 발음은 상당한 결례(faux pas: FOX PAWS라고 발음하면 안 된다.)가 될 수 있다.

사전은 어떤 단어가 어떻게 발음되는지 알려주는데, 대개는 한 가지 이상의 발음법이 있다. 첫 번째로 제시된 발음이 항상 제일 안전한 발음이다. 그것이 뒤에 나오는 다른 발음들보다 더 바르다고 할 수는 없지만, 대개는 더 널리 쓰이는 발음이기 때문이다. 그렇지만 발음을 제시하는 방식은 사전마다 다를 수 있으니, 맨 앞에 나온 사용법을 읽어보라. 대개는 오른쪽 페이지마다 아래쪽에 발음기호가 나오는데, 거기에는 다양한 소리를 나타내는 기호들이 설명되어 있다. 대부분의 온라인 사전에는 재생 아이콘이 있어서 클릭하면 단어의 발음을 들어볼 수 있다. 그렇지만 온라인 사전을 참고해 가면서 대화를 하는 일은 거의 없을 것이니, 발음이 어려운 단어들은 미리 잘 익혀 두는 것이 좋을 것이다. 다음에 이어지는 내용에서는 강세가 있는 음절을 대문자로 표시했다.

자, 이제 발음에 대해 알아보자.

다시 한 번 말씀해 주세요

acceptable

첫 음절은 s가 아닌 x 소리로 끝난다. Bridget learned that cell-phone conversations were not **acceptable** in church. s와 x 소리에 대해 좀 더 알고 싶다면 219쪽을 참고하라.

accessories

역시 첫 음절이 s가 아닌 x 소리로 끝난다. Carmen's **accessories** were excessive: a pineapple headdress and platform sandals. s와 x 소리에 대해 좀 더 알고 싶다면 219쪽을 참고하라.

adult

a-DULT와 AD-ult 두 가지 모두 바른 발음이다. When he's not fighting crime, Bruce dresses like a normal **adult**.

advocate

마지막 음절은 동사냐 명사냐에 따라 다르게 발음된다. 동사는 AD-vuh-kate이고, 명사는 AD-vuh-kut이다. "I don't **advocate** becoming an **advocate**," said Denny.

affluent

첫 음절에 강세를 두어 AFF-loo-ent라고 발음한다. Paris comes

from an **affluent** family.

aged

한 음절로 발음되며, '고령의'라는 뜻의 형용사로 쓰일 때만 두 음절이다. 다음 문장에서는 첫 aged만 두 음절로 발음된다. "My **aged** grandmother, who **aged** gracefully, took a liking to **aged** cheese when she was a child **aged** ten.

ally

명사라면 첫 음절에 강세가 오는 AL-eye이며, 동사라면 둘째 음절에 강세가 오는 a-LYE이다. Vinnie learned the hard way that an **ally** needs to **ally** himself with his friends.

almond

l은 묵음이므로 AH-mund로 발음한다. Not even Martha could make marzipan without **almonds**.

alumnae

NEE 발음으로 끝난다. Helena and her friend Pokey were **alumnae** of Vassar.

applicable

첫 음절에 강세를 주라. Sean's policy is to flout all **applicable** rules and regulations.

Arctic

ARK-tik으로 c를 둘 다 발음하라. The **Arctic** trip was interesting, but there weren't many gift shops. 186쪽도 참고하라.

Argentine

명사든 형용사든 마지막 음절은 TEEN과 TYNE 두 가지로 발음될 수 있다. Jorge, a literary **Argentine**, did much to spread **Argentine** culture.

asked

올바른 발음은 ASKT이지, AST나 AXT가 아니다. Miss Bunting never married, largely because she wasn't **asked**.

ate

영국인들은 ET라고 발음하지만, 미국인들은 EIGHT라고 발음한다. The tourists **ate** their steak-and-kidney pie under duress.

athlete

ATH-leet로 오직 두 음절로만 이루어져 있다. Babe was an **athlete's athlete**.

banal

통용되는 발음이 세 가지나 되기 때문에 잘못 발음하기가 오히려 어렵다. 하나는 canal과 운이 맞고, 다른 하나는 anal과 운이 맞으며, 마지막은 an awl과 운이 맞는다. To Hannah, evil was **banal**.

basil

BAY-zel(긴 a 발음)과 BAZZ-el(jazz에서처럼 짧은 a 발음)의 두 가지로 발음된다. “Pass me the **basil**, Basil,” said Mrs. Fawlty.

cachet

230쪽을 보라.

caramel

두 음절로 발음할 수도, 세 음절로 발음할 수도 있다. 첫 음절은 CARE나 CAR로 발음된다. “This color isn’t butterscotch,” insisted Narciso, “it’s **caramel**!”

cement

두 번째 음절에 강세를 두어 si-MENT로 발음한다. Dennis left a handprint in Mr. Wilson’s **cement**.

comparable

COM-per-uh-bul로 conquerable과 운이 맞으며, 첫 음절에 강세가 온다. Des Moines and Barcelona are **comparable** in latitude.

comptroller

본래 controller라고 쓰였던 단어이기 때문에, 나는 con-TRO-ler라고 발음한다. 통용되는 다른 발음으로는 COMP-tro-ler와 comp-TRO-ler가 있다. The **Comptroller** of the Currency controls the national banking system.(137쪽도 참고하라.)

coupon

KOO-pon이나 KYOO-pon으로 발음하라. Calista threw away a **coupon** for a free Big Mac.

cumin

KUM-in, KOO-min, KYOO-min의 세 가지 발음법이 있다. This chili rub needs more **cumin**.

defense

평소의 발음은 dee-FENSE이지만, 스포츠 관련 용어에서는 흔히 DEE-fense로 발음된다. In their **defense**, it must be said that the rowdy fans were justifiably upset at the Celtic's lackluster **defense**. 226쪽의 offense도 읽어보라.

detritus

de-TRY-tus라고 가운데 음절에 강세를 두라. Hacker's salamander buried itself in the **detritus** at the bottom of the pond.

eccentric

첫 음절은 ESS가 아닌 EX 발음이다. The octopus often displays **eccentric** behavior. s와 x 소리에 대해 좀 더 알고 싶다면 다음 페이지를 보라.

ecstatic

ESS가 아닌 EX 발음으로 시작된다. Even in his best moments, Mr. Casaubon was never **ecstatic**. 191쪽의 ecstasy도 참고하라.

s와 x 소리에 대해 좀 더 알고 싶다면 다음 내용을 참고하라.

>> **s일까, x일까?**

사람들은 종종 x 소리를 내야 할 곳에서 s 소리를 내곤 한다. 그래서 너무 쉬쉬거리게 된다. acceptable을 asseptable로 발음하고, accessories를 assessories로, eccentric을 essentric으로, ecstatic을 estatic으로, extraordinary를 estraordinary로 발음한다. 이것은 절대로 용납할 수 없는 일이다.
혹은 그 반대로 불필요한 곳에 x 소리를 넣기도 한다. escape를 excape로, especially를 expecially로, et cetera를 excetera로, espresso를 expresso로 발음한다. 이런 잘못된 발음은 귀에 상당히 거슬린다.

endive

EN-dive라고 발음해도 되고, 프랑스어처럼 들리게 하고 싶다면 on-DEEV라고 발음해도 된다. The Tribeca Grill serves caramelized **endive** with poached lobster.

err

보통 발음은 UR이지만, 오랫동안 잘못된 발음으로 여겼던 AIR도 급부상하더니 이제는 받아들여지고 있다. To **err** is human; to forgive, divine.

escape

escape에 x는 없다. John helped Lorna **escape** from the Doone

Valley. 219쪽을 보라.

espresso

분명히 x는 없다! es-PRESS-o라고 발음한다. "**Espresso**," Dr. Glossop said, "has three times the caffeine of regular coffee." 219쪽에 더 자세한 내용이 나와 있다.

etc.

세 음절로 et-CET-ra 혹은 네 음절로 et-CET-er-a라고 발음하지만, k나 x 소리는 없는 단어이다. Skink's diet included squirrels, snakes, possums, **etc**. 178쪽과 219쪽을 참고하라.

exquisite

첫 음절이나 둘째 음절에 강세를 넣으라. "The Camembert is **exquisite**," said Remy.

faux pas

231쪽을 보라.

flaccid

FLAK-sid나 FLASS-id 둘 다 바른 발음이다. Buzz's muscles were **flaccid** after the Apollo 11 mission.

forte

231쪽을 보라.

grocery

grocery에 sh 발음은 없다. GRO-sir-ee라고 발음하라. Saul and Eli have **grocery** stores in Manhattan.

harass

어떤 음절에 강세를 넣어도 좋지만, 미국에서는 보통 두 번째 음절에 강세를 싣는다. “Wally, stop **harassing** your brother,” said Ward. 195쪽도 참고하라.

height

length라는 단어와 착각을 해서인지 많은 사람들이 이 단어의 끝에 th 소리를 붙여 틀리게 발음하는데, 바른 발음은 HITE이다. Henri would go to great lengths to increase his **height**.

heinous

hee 발음이 아니다. HAY-nus라는 발음이 올바르다. heinous가 hate라는 뜻의 옛 프랑스어에서 나왔다는 사실을 알면 a를 길게 발음한다는 것을 기억하기 쉬울 것이다. Truman wrote a bestseller about a **heinous** crime.

herb

미국 영어에서는 h가 묵음이 되어 ERB로 발음한다. herbal의 발음도 마찬가지다. 그렇지만 미국인들도 herbaceous, herbicide, herbivore에서는 h를 발음한다. The ratatouille contained an **herb** that Anton couldn’t identify.

homage

231쪽을 참고하라.

homogeneous

ho-muh-JEE-nee-us 또는 ho-muh-JEE-nyus라고 발음하며, '획일적인' 또는 '본질적으로 비슷한'이라는 뜻이다. huh-MODJ-uh-nus라고 발음하지 말라. 이 잘못된 발음은 homogenized나 거의 쓰이지 않는 homogenous의 영향을 받은 것이다. The architecture in Nantucket is **homogeneous**.

hyperbole

스포츠 행사의 명칭이라도 되는 듯이 Hyper Bowl이라고 발음하면 안 된다. high-PER-buh-lee라고 발음된다. '과장'이나 '과대 표시'라는 뜻의 단어다. Buster's claim that his dog could read was **hyperbole**.

NOTE 146쪽에서 hyper와 hypo에 대해 읽었다면, hypobole이라는 단어도 있지 않을까 궁금해질 것이다. 실제로 '제안'을 뜻하는 그런 단어가 있기는 하지만, 거의 쓰이지 않는다.

hypnotize

m 발음은 어디에도 없다. HIP-no-tize로 발음한다. "Angie, you **hypnotize** me," said Brad. 형용사 hypnotic은 중간 음절에 강세를 넣어 hip-NOT-ik으로 발음한다.

influence

둘째가 아닌 첫째 음절에 강세를 두라. Did Elvis have much of an **influence** on Buddy?

ingenious / ingenuous

148~149쪽을 참고하라.

interesting

세 음절로 발음하거나 네 음절로 발음하는 것이 모두 가능하지만, 첫 음절의 t를 잊고 inneresting이라고 발음해서는 안 된다. "This is a most **interesting** cigar," said Sigmund.

iran, iraq

Iran은 ih-RON, ih-RAN, eye-RAN으로 발음될 수 있다. Iraq는 ih-RACK이나 ih-ROCK으로 발음한다. Ancient Persia and Mesopotamia are now **Iran** and **Iraq**.

jaguar

고양이과의 동물이건 자동차 종류건, 이 단어를 발음하는 데는 두 가지 방법이 있다. JAG-wahr 아니면 JAG-you-are이다. "My **Jaguar** is in the shop," Darrel said as he helped his date into the pickup truck.

>> **엉터리 표현들**

열두 살쯤이었을 때, 나는 duck tape가 사실은 duct tape(강력 접착테이프)라는 것을 알게 되었다. 잘못 알아듣고 그동안 표현을 착각해 왔던 것이다. 그래서 여기에 일반적으로 잘못 발음되거나 오해를 받는 표현들을 정리해 보았다. 이제 더 이상 엉터리 영어에 넘어가지 말자!

blessing in the skies

the skies가 아니라 disguise다. The gangland rubout on the Lower East Side was a **blessing in disguise** for Weegee.

card shark

shark가 아니라 sharp이며, cardsharp라고 한 단어로 쓴다. The victim, a notorious **cardsharp**, was taken to the morgue.

doggy-dog world

이런 표현이 있을 수도 있지만, 개를 위한 놀이공원에서나 있을 법한 것이다. 바른 표현은 dog-eat-dog world이다. Life on the streets was a **dog-eat-dog world**.

escape goat

물론 염소들이 도망치는 데 선수이기는 하지만, 여기에서는 그것을 말하는 것이 아니다. 한 단어인 scapegoat로 바꾸라. The cops pinned the killing on a small-time hoodlum, but Weegee thought he was a **scapegoat**.

for all intensive purposes

intents and purposes라고 써야 한다. **For all intents and purposes**, his beat was the Naked City.

heart-rendering

rendering을 rending으로 바꾸라. 그리고 한 단어로 쓰라.

When he discovered there was no film in his Speed Graphic, he uttered a **heartrending** groan.

last-stitch effort

stitch를 ditch로 바꾸라. In a **last-ditch effort**, he managed to load the camera before the paddy wagon drove off.

take for granite

granite라고 들릴지 모르지만 granted가 맞다. "Luck is something I never **take for granted**," he said.

trite and true

trite가 아니다. tried라고 써야 한다. His boxy old Speed Graphic was **tried and true**.

liaison

첫 번째나 두 번째 음절에 강세를 두라. LEE-ay-zon 혹은 lee-AY-zon이다. This **liaison** is getting dangerous, thought Marie.

196쪽도 읽어보라.

library

berry로 발음하면 안 된다. 중간의 r을 꼭 발음하라! Jeff's **library** is in his Kindle.

long-lived

i를 어떻게 발음해야 할까? life처럼 발음해야 할까, 아니면 to live처럼 발음해야 할까? 둘 다 괜찮지만 첫 번째가 더 낫다. short-lived, clean-lived, nine-lived 등에 쓰이는 -lived는 life라는 단어로부터

왔으며, -lifed라는 형태로 시작됐다. 그래서 이런 사실을 잘 아는 사람들은 life와 운이 맞게 발음한다. “Here’s to life!” cried the **long-lived** Carmine.

memento

197쪽을 참고하라.

minutiae

197쪽을 참고하라.

mischievous

MIS-chuh-vus로, 세 음절뿐이다. 그리고 devious와는 운이 맞지 않는다. Gollum always had a **mischievous** look in his eye.

198쪽도 읽어보라.

niche

232쪽을 참고하라.

nuclear

NOO-kya-lur가 아닌 NOO-klee-ur라고 발음하라. “My business is **nuclear** energy,” said Homer.

offense

uh-FENSE로, 보통 두 번째 음절에 강세를 넣는다. 그렇지만 스포츠 용어나 군사 용어에서는 예외적으로 OFF-ense라고 발음한다. Johnny took **offense** when the coach criticized his **offense**. defense가

나온 218쪽도 참고하라.

often

발음할 때 t 소리를 낼 수도 있고 안 낼 수도 있다. 그렇지만 더 널리 쓰이는 발음은 OFF-en이다. No matter how far apart they are, Kit **often** thinks of Nell.

patent

광택이 나는 구두의 가죽이나 발명품을 법적으로 보호해 주는 문서는 PAT-ent라고 발음된다. 그렇지만 '명백한' 혹은 '빤한'이라는 뜻의 형용사는 PAT-ent 혹은 PAY-tent 두 가지로 발음한다. "I own the original **patent** for making **patent** leather," Fletcher said in a **patent** lie.

penalize

첫 음절은 penalty에서의 PEN 혹은 penal에서의 PEEN으로 발음할 수 있다. "I'm going to **penalize** you fifty dollars for sleeping on the job," said Mr. Burns.

preferable

세 음절의 PREF-ruh-bul로 발음하건 네 음절의 PREF-er-uh-bul로 발음하건 항상 첫 음절에 강세를 두라. Neither of the two pronunciations is **preferable**.

pronunciation

이 단어에 들어 있는 것은 noun이 아니고 nun이다. "**Pronunciation**

rhymes with renunciation," said Sister Mary Ignatius.

prophecy / prophesy

155쪽을 참고하라.

quixotic

이 단어가 유래된 Don Quixote라는 이름에서는 x가 h처럼 소리 나지만, 여기에서는 x가 발음된다. A **quixotic** hero dreams the impossible dream.

Realtor

두 음절의 REEL-ter로 발음하거나 세 음절의 REE-ul-ter로 발음하라. 그렇지만 중간에 luh 소리는 없다. 그리고 종종 r을 소문자로 쓴 것이 눈에 띄는데, 전미부동산업협회(National Association of Realtors) 소속의 부동산 중개업자를 가리키므로 대문자로 쓰는 것이 맞다. Bruce thought the cave was worth at least five million, but his **Realtor** offered a reality check.

schism

50년 전에는 이 단어의 올바른 발음은 SIZZ-em뿐이었다. 하지만 SKIZZ-em이라는 잘못된 발음이 급속히 퍼져, 이제는 대부분의 사람들이 받아들이고 선호하는 발음이 되었다. The Browning's elopement created a **schism** between their families.

sherbet

205쪽을 보라.

striped

t 소리로 끝나는 한 음절로 읽거나 STRY-ped라고 두 음절로 읽으라. The best time to fish for **striped** bass is around sunrise.

template

철자 때문에 헷갈리지 말라. 올바른 발음은 TEM-plit이다. Hackers altered the **template** of Arianna's blog.

Tuesday

대부분의 미국인들은 TOOZ-day라고 하지만, 일부 사람들은 TYOOZ-day라고도 한다. 둘 다 올바른 발음이다. "I will gladly pay you **Tuesday** for a hamburger today," said Wimpy.

vegan

더 널리 쓰이는 발음은 VEE-gun이지만 VEDJ-un도 괜찮다. A **vegan** avoids all animal products, sometimes even leather.

wash

r 소리가 슬쩍 끼어들지 않도록 하라. "I'm not worried about the money-laundering charge," said Fat Tony. "It will all come out in the **wash**."

>> 외래어의 발음

외국어에서 온 단어라고 엉망으로 발음하면 안 된다. 알고 보면 모든 단어는 익숙해질 때까지는 '외국어'이다. 그래서 여기에 익혀야 할 발음 몇 가지를 모아 놓았다. 이런 단어들 때문에

겁먹지 말라. 한때는 외국어였지만 이제는 영어의 진정한(bona fide; 발음은 다음을 참고하라.) 구성원이 된 단어들이다. 여전히 외래어의 맛을 간직한 단어들이 많지만, 명백히 영어식 발음으로 변모한 단어들도 있다.

bona fide

라틴어에서는 '좋은 믿음'을 의미하며, 영어로는 '진짜의' 또는 '진정한'이라는 뜻이다. 여러 가지 발음법이 있지만, 가장 널리 쓰이는 것은 BONE-uh-fied라고 눈에 보이는 그대로 읽는 것이다. Veronica owns a **bona fide** pebble from Graceland.

cachet

'특징' 혹은 '명망'을 의미하며, ka-SHAY라고 발음한다. Chloe's hat has a certain **cachet**. 이 단어를 프랑스어로부터 온 단어인 cache와 혼동하지 말라. cache는 cash처럼 발음되며 '은닉처'라는 뜻이다. She has a whole **cache** of funky hats.

chaise longue

'긴 의자'라는 뜻의 프랑스어로, 영어에서 쓰이는 공식 발음은 shays-LONG이다. 서민적인 chase lounge라는 식의 발음은 아직 받아들여지지 않고 있다. It was a mistake to eat pizza on the **chaise longue**.

concierge

이 단어는 con-see-AIR처럼 air 발음으로 끝나지 않고, con-SYAIRZH로 발음되어 자음 소리로 끝난다는 것을 기억하라. The **concierge** left a dozen roses in Rosie's room.

faux pas

foh-PAH로 발음하는 단어로, 프랑스어로는 '실수'라는 뜻이다. The Reverend Spooner made an embarrassing **faux pas**.

forte

'강점'을 뜻하며, 원래의 발음은 FOR-tay가 아닌 FORT이다. 이탈리아어의 '큰 소리로'라는 단어로부터 온 것이 아니라 프랑스어의 '강한'이라는 단어로부터 왔기 때문이다. 그러나 발음상의 실수가 너무 흔해져서, 이제는 사전에서 두 가지 발음을 모두 받아들이게 되었다. Bertie is a whiz at checkers, but backgammon is not his **forte**.

homage

이 단어는 1200년대에 이미 영어가 되었기 때문에 프랑스어처럼 발음할 필요가 없다. 하지만 h를 묵음으로 발음하는 것까지는 상관없다. 따라서 HOM-idj 혹은 OM-idj라고 발음할 수 있다. 그러나 프랑스어를 발음하듯 oh-MAHZH라고 발음하지는 말라. Jerry Lee's performance was a **homage** to Moon Mullican. 참고로, 이 단어와 함께 쓰이는 관사는 발음에 따라 a HOM-idj가 되거나 an OM-idj가 된다는 것을 알아두라.

lingerie

가장 널리 쓰이는 영어식 발음은 lon-zhuh-RAY이지만, 미국 사전에서는 LON-zhuh-ree나 lan-zhuh-REE도 받아들인다. 혹은 그냥 개의치 말고 undies라고 말해도 좋다. In the elevator, a disembodied voice announced, "Fourth floor: shoes, accessories, **lingerie**."

niche

영어에서의 보편적인 발음은 NITCH이다. 그렇지만 최근에 쓰이기 시작한 NEESH라는 프랑스어 식의 발음도 이제는 사전에 나와 있다. "I found my **niche** in the nick of time," said Grandma Moses.

prix fixe

첫 번째 x가 묵음이므로 PREE-FEEKS라고 발음한다. The **prix fixe** dinner at Chez Panisse included a pork terrine and steamed wild salmon.

sui generis

이 단어는 '독특한'이라는 뜻의 라틴어에서 왔으므로 프랑스어처럼 발음해서는 안 된다. 영어에서는 SOO-eye-JEN-er-is 혹은 SOO-e-JEN-er-is로 발음한다. Melinda is **sui generis**, and so generous too.

vichyssoise

끝이 z 소리라서 vee-shee-SWAHZ로 발음된다. 마지막 음절을 SWAH로 발음해서는 안 된다. "It's kale and potato soup," Alice said, "not **vichyssoise**!"

voilà

주의를 끌 때 쓰는 이 프랑스어는, 지금도 프랑스어 느낌이 물씬 풍기는 vwa-LAH로 발음된다. Harry sawed the woman in half and then —**voilà**— put her back together again.

chapter
8

구두법의 기술

구두법의 묘미

The Joy of Punctuation

chapter

8

내가 아는 뉴욕타임스의 한 편집자가 작가인 친구로부터 선물을 받았다. 그 선물은 포장지에 싸인 부러진 연필심이었는데, '콤마를 모아 둔 것이니 한 해 동안 필요하면 아낌없이 쓰도록 해.'라고 적힌 카드도 함께 들어 있었다. 그 작가야말로 구두점이 얼마나 중요한지를 잘 알고 있었던 것 같다.

말을 할 때는 잠시 멈추거나 목소리에 강세를 주거나 높낮이를 달리함으로써 자신의 의도를 드러낸다. 하지만 글을 쓸 때는 구두점들이 '멈추시오', '가시오', '양보하시오', '천천히 주행하시오', '우회하시오'라고 지시하며 독자에게 길을 안내하는 역할을 한다. 따라서 구두점이 없다면 문장을 제대로 이해할 수 없을 것이다.

내 말이 믿기지 않는다면 다음 문장이 이해가 가능한지를 보라.

Who do you think I saw the other day the Dalai Lama said my aunt Minnie.

이 문장에 대해서는 최소한 2가지의 해석이 가능하다.

> "Who do you think I saw the other day?" the Dalai Lama said. "My aunt Minnie."
> "Who do you think I saw the other day? The Dalai Lama!" said my aunt Minnie.

(내가 whom 대신 who를 내 멋대로 썼다는 점은 인정하겠다. 당신도 일상 대화나 격식을 차리지 않는 글에서라면 그렇게 해도 좋다.

대명사에 대해서는 28쪽을 참고하라.)

구두법이란 사용하든 안 하든 별 차이가 생기지 않는 미묘하고 신비스러운 개념이 아니다. 구두법은 미묘하지 않고 어렵지도 않으면서 문장에 지대한 영향을 미치는 요소이다.

문장을 끝내는 마침표(.)

마침표는 문장의 끝에 세워진 '정지' 표지판이다. 마침표까지 왔다면 다 끝난 것이며, 하려던 말이 무엇이었건 할 말을 다 전달한 것이다. 묻거나 감탄하는 문장이 아니고 평서문이라면, 대문자로 시작하고 마침표로 끝난다.

그렇지만 줄임표(...)로 문장이 끝나거나 St. 또는 p.m. 등의 축약어로 문장이 끝나서 문장 끝에 이미 점이 찍혀 있다면 어떻게 해야 할까? 그리고 문장 속에 또 하나의 문장이 들어 있다면 어떻게 할 것인가? 그럴 때는 이렇게 하라.

> 끝에 점이 있는 축약어로 문장이 끝난다면 마침표를 덧붙이지 말라. Apu's nephew was out until 4 a.m.(요즘은 MD나 US 처럼 많은 축약어들이 점을 잃고 있으니, 최신 정보를 얻으려면 사전을 보라.)

> 문장이 생략되었음을 나타내기 위해 문장 끝에 줄임표인 세 개의 점을 찍을 때는, 일단 문장이 끝났음을 표시하기 위해

마침표를 먼저 찍은 후에 줄임표를 붙이라. "You'd like to borrow fifty dollars?" said Apu. He recalled the old saying, Neither borrower nor a lender be....

그렇지만 일부러 말끝을 흐린다는 것을 강조하고 싶다면 마침표를 생략하라. 문장 끝에 한 칸을 띄운 후에 세 개의 점을 붙여주면 된다. "Well ..."

> 물음표나 느낌표가 붙은 작품의 제목으로 문장이 끝난다면, 마지막에 마침표를 찍지 말라. Liz gained twenty pounds for *Who's Afraid of Virginia Woolf?* We couldn't get seats to *Oklahoma!*

> 문장 안에 대시(—)나 괄호로 둘러싸인 문장이 하나 더 들어가 있다면, 삽입된 문장의 끝에는 마침표를 찍지 말라. When Apu made him an offer—"I could use some help around the store"—he accepted.

NOTE 위의 마지막 규칙은 물음표나 느낌표로 끝나는 문장이 삽입된 경우에는 적용되지 않는다. Apu criticized his nephew's manners("Speak up! How are the customers supposed to hear you?") and his grooming("Do you call that a beard?").

의외로 유용한 콤마(,)

문장에 구두점을 찍을 때는 콤마에 대한 기본적인 상식만 있으면 된다. 콤마만 제대로 넣으면 나머지는 알아서 자리를 잡는다.

이렇게 말하면 모두들 다음과 같이 반응할 것이다. 콤마 몇 개가 무슨 대수기에? 그렇게 작고 전혀 해가 없어 보이는 콤마가 뭐가 그렇게 중요한가? 그런데 그런 태도가 당신을 문법의 지옥에 빠져들게 할 수도 있다. 믿기지 않는다면 다음 문장들을 보라.

Cora claimed Frank planned the murder.

콤마가 없다면 의심받는 사람은 Frank다. 그렇지만 두 개의 콤마를 더하기만 하면 Cora가 용의자가 된다.

Cora, claimed Frank, planned the murder.

콤마의 유무에 따라 뜻이 완전히 달라지는 예문이 또 있다.

Augie quit saying he was looking for another job.
Augie quit, saying he was looking for another job.

첫 문장에서는 Augie가 말하기를 그친 것이고, 두 번째 문장에서는 일을 그만둔 것이다.

여기서 배울 점은 콤마를 우습게 보지 말라는 것이다. 콤마는 도로의 양보 표지와도 같아서, 생각을 나눠 주고 문장의 내용이 충돌하는 것을 막아준다. 따라서 콤마를 무시한다면 상당한 어려움을 겪게 될 것이다.

콤마에 관련된 대부분의 문제들은 하나의 문장을 절처럼 주어와 동사를 가진 큰 부분들로 나누거나, 나열된 항목들처럼 작은 부분들로 나누는 일이다. 콤마는 또한 문장의 흐름을 잠시 멈추고 다른 내용을 삽입하기 위해서도 쓰인다.

이제 콤마와 관련해 가장 흔하게 부딪히게 되는 문제들에 대해 살펴보자.

길게 나누거나 짧게 나눌 때

> and나 but으로 이어진 절(주어와 동사를 따로 갖고 있는 문장의 큰 덩어리)들을 분리시킬 때는 콤마를 사용하라. Tina hadn't left the city in months, and by that Friday she was climbing the walls. 절 사이에 and나 but이 없다면 세미콜론(;)을 사용하라. Tina hadn't left the city in months; by Friday she was climbing the walls.

> 연속해서 열거되는 사물이나 동작 들을 분리시킬 때는 콤마를 사용하라. She packed a toothbrush, a hair dryer, her swimsuit, and her teddy bear. She finished packing, paid some bills, ate a few Oreos, and watered the plants.

NOTE 앞의 두 문장에서 and 바로 앞에 있는 마지막 콤마는 생략해도 좋다. 그것은 취향의 문제일 뿐이다. 그러나 생략할 경우 문장의 의미가 바뀔 수도 있고 또 그대로 둔다고 해서 크게 해로울 것은 없으므로, 열거되는 항목들이 나올 때 and 앞의 마지막 콤마는 그대로 두는 것이 낫다. 그런 콤마를 '시리얼 콤마(serial comma)'라고 부르기도 한다.

말을 할 때

> 당신이 말하고 있는 사람의 앞뒤에 콤마를 넣으라. “Good-bye, Mom. Dad, be good,” she said, and hung up the phone. 대화 상대 앞에 오는 단어가 and(“And Mom, don’t worry.”)나 but(“But Dad, you promised.”) 하나뿐이라면 앞의 콤마는 생략해도 좋다.

> 인용구의 앞이나 뒤에 콤마를 넣으라. Tina said, “Let’s see.” 혹은 “Let’s see,” said Tina. 그렇지만 느낌표나 물음표로 끝나는 인용구 끝에는 콤마를 넣지 말라. “Have I forgotten anything?” she wondered. “Sunscreen!” she exclaimed.

흐름을 끊고자 할 때

> 독자가 글을 잠깐 멈추었다가 읽기를 바란다면 문장의 도입부 뒤에 콤마를 넣으라. As usual, she checked to make sure the stove was turned off. Of course, it always was. You see, Tina was a bit compulsive.

> 괄호 안에 넣을 수 있는 내용이라면 괄호 대신 콤마 사이에 넣어도 좋다. Her upstairs neighbor, the one with the tattoos, promised to feed her cat.

> ‘또한’이라는 뜻으로 쓰이는 too를 강조하고 싶다면 콤마를 넣으라. Lydia offered to clean the litter box, too. 강조하고 싶지 않다면 콤마를 넣지 않아도 좋다. The tattooed lady had a Siamese too.

> which절 앞과 뒤에는 콤마를 넣으라. The airport bus, which was usually on time, never came. which절로 문장이 끝나는 경우에는 앞에만 콤마를 넣으면 된다. So she took a taxi, which cost her an arm and a leg.

그렇지만 that절에는 콤마를 넣지 말라. The bus that she had planned to take never came, so she grabbed the first taxi that she saw.
which와 that에 대해서는 20~22쪽을 참고하라.

사랑받지 못하는 세미콜론(;)

세미콜론은 무척 유용하지만 왠지 별로 쓰이지 않는 구두점이다. 사용법에 겁을 먹어서인지도 모르겠다. 하지만 세미콜론은 의외로 사용법이 간단하다. 콤마가 양보 표지고 마침표가 정지 표지라면, 세미콜론은 번쩍거리는 경고등이다. 잠깐 정지했다가 가면 된다. 따라서 콤마보다는 강하지만 마침표보다는 약한 느낌을 원할 때 세미콜론을 쓴다. 어떻게 사용하면 되는지 알아보자.

> and나 but으로 연결되지 않았으면서 각각 독립된 하나의 문장이 될 수도 있는 절들의 경우, 절들을 나누기 위해 세미콜론을 사용하라. Andy's toupee flew off his head; it sailed into the distance.

> 연속으로 열거되는 항목 중에 그 안에 이미 콤마가 찍힌 것이

있다면, 항목들을 나누기 위해 세미콜론을 사용하라. Fred's favorite things were his robe, a yellow chenille number from Barneys; his slippers; his overstuffed chair, which had once been his father's; murder mysteries, especially those by Sue Grafton; and single-malt Scotch.

주의를 끄는 콜론(:)

콜론은 마치 앞으로 전개될 교통상황에 대해 주의를 주는 교통경찰과도 같다. 어떤 진술이나 항목, 인용구, 지시 등을 제시하는 게 목적이라면 콜론을 쓰라. 그렇지만 콜론은 교통의 흐름을 중단시키기도 한다. 따라서 확실한 정지를 원할 때만 쓰라. 다음의 내용을 항상 명심하라.

> 인용구 앞에 콤마 대신 콜론을 써도 된다. I said to him: "Harry, please pick up a bottle of wine on your way over. But don't be obsessive about it." 실제로 많은 사람들이 긴 인용구 앞에서는 콤마 대신 콜론을 쓴다.

> 목록의 앞에 주어와 동사를 갖춘 독립된 문장이 온다면, 그 목록을 보여주기 전에 콜론을 넣으라. Harry brought three wines: a Bordeaux, a Beaujolais, and a Burgundy.

> 다음 예문과 같이 콜론을 써서 동사를 문장의 나머지 부분과 분리시키면 안 된다. In Harry's shopping bag were:

a Bordeaux, a Beaujolais, and a Burgundy. 필요하지도 않은 콜론을 왜 사용하는가? In Harry's shopping bag were a Bordeaux, a Beaujolais, and a Burgundy.

NOTE 콜론 뒤에 오는 내용이 완전한 문장이라면 그 문장을 대문자로 시작하든 소문자로 시작하든 관계없다. 나는 강조하고 싶은 경우에 대문자를 쓴다. My advice was this: Bring only one next time. 그러나 이것은 취향의 문제이며, 무엇이 옳은지에 대해서는 의견이 분분하다. 어떤 방식을 쓰든 일관성을 유지하라.

궁금증 가득한 물음표(?)

물음표는 문장 끝에서 궁금증 가득한 표정을 짓는 구두점이다. 그것은 잘 알다시피 길을 묻는 질문 같은 데 사용된다. 그렇지만 물음표는 의심이나 놀라움을 나타내기도 한다. "Lost? My luggage got lost on a direct flight?" 물음표에 대한 가장 흔한 의문들을 살펴보자.

> 문장에 여러 가지 의문점들이 나열되어 있다면 어떻게 표현해야 할까? 답은 두 가지다.
물음표는 문장의 맨 끝에 하나만 넣는다. Would Tina have to buy a new hair dryer, toothbrush, swimsuit?
혹은 강조를 위해서 각 항목마다 물음표를 넣을 수도 있다. 그러나 각 항목은 한 문장 안에 있으므로 대문자로 시작하지 않아도 된다. Would Tina have to buy a new hair dryer? toothbrush? swimsuit?

> 긴 문장 속에 포함된 의문문은 어떻게 표현해야 할까?
가장 간단한 방법은 콤마를 찍고 의문문을 대문자로 시작하는 것이다. The question was, How long should she wait for her luggage?
인용구일 경우에도 같은 규칙이 적용된다. 인용구 앞에 콤마를 넣으라. Tina cried, "What next?"
하지만 도입부가 완전한 문장이고 길이까지 길다면 콜론을 쓰는 편이 낫다. The question she asked herself was this: How long should she wait for her luggage?

> 물음표 다음에도 문장이 이어질 때는 어떻게 할까?
물음 뒤에도 문장이 계속되는 경우, 물음표 뒤에 콤마를 찍지 말라. What will I do without my hair dryer? she asked herself. "What more can go wrong?" she said to the ticket agent.

소리 없는 비명, 느낌표(!)

느낌표는 마치 자동차 경적과도 같으니 꼭 필요할 때만 쓰라. 당신의 글에 느낌표가 넘쳐 난다면 그것은 두 가지를 말해 준다. 첫 번째는 당신이 중요하다고 말하는 내용에 대해 스스로 자신이 없기 때문에 주목을 끌기 위해 요란을 떨고 있다는 것이다. 두 번째는 정말 놀라운 생각이 무엇인지에 대해 당신이 전혀 모르고 있다는 사실이다.

느낌표를 쓸 때 이 점을 기억하라.

> 느낌표는 하나만 쓰고 뒤에 콤마를 넣지 말라.
> "Holy cow!" said Phil.

그리고 가능하면 목소리를 낮춰라.

짧은 막간을 알리는 괄호( )

가끔은 한 문장 속에 혹은 두 문장 사이에 어떤 내용을 끼워 넣기 위해 잠시 본론을 벗어나야 할 때가 있다. 본론에서 벗어난 부분을 묶어주는 방법 중 하나가 바로 다음 문장에서 볼 수 있는 괄호이다. (괄호는 영어로 parentheses라고 하는데, 마지막 음절의 발음은 cheese와 운이 맞는다.)

괄호에 대해서 알아두어야 할 점은 그것이 한 문장을 통째로 담을 수도 있고, 문장의 일부만 담을 수도 있다는 것이다. 괄호를 사용할 때 어려운 점은 도대체 구두점을 어디에 찍어야 하는가이다. 괄호 안에 찍을 것인가 아니면 괄호 밖에 찍을 것인가? 괄호가 어떤 문장 안에 들어 있다면, 그 앞에는 절대로 구두점을 찍지 않아야 한다.

> 괄호 안의 내용이 독립된 문장이라면 괄호 안에 구두점을 찍고, 그 문장은 대문자로 시작하라. Jimmy thinks he has won the lottery.(He is mistaken, however.)

> 괄호 안의 내용이 문장의 일부라면 괄호 밖에 구두점을 찍고,

그 부분을 소문자로 시작하라. Jimmy thinks he has won the lottery (fat chance).

예외가 되는 경우는 괄호 속의 구두점이 느낌표인 경우(wow!)나 물음표인 경우(huh?)이다. 느낌표나 물음표는 항상 괄호 속에 들어가지만, 다른 구두점들은 괄호 밖에 찍는다. Jimmy has already made plans for the money (poor guy!), but his wife is skeptical. He may have misread the numbers on his lottery tickets (how dumb can you get?).

남용되는 대시(—)

대시는 좀 덜 써도 좋을 것 같다. 사실 대시는 요즘 들어 느낌표보다 더 남용되고 있는 듯하다—나까지도 이렇게 사용하고 있다.

대시는 우회로와 같아서 문장의 흐름을 잠시 방해하고 다른 생각을 끼워넣는 것이다. 하나의 대시는 삽입된 내용을 강조하기 위해 콜론 대신 사용할 수 있다. It was what Tina dreaded most—fallen arches. 혹은 괄호 대신 대시를 쌍으로 사용해서 설명이나 사족을 넣을 수도 있다. Her new shoes had loads of style—they were Ferragamos—but not much arch support.

대시는 특히 자신 없는 글쓰기에서 남용되곤 한다. 여러 생각이 뒤섞인 경우 그것을 더 매끈한 문장으로 다듬는 것보다 대시를 넣어

처리하는 게 더 쉽기 때문이다. 대시를 쓰고 싶을 때마다 다음을 명심하라.

> 한 문장에 대시를 2개까지만 사용하라. 그리고 2개를 쓰더라도 특정 내용을 문장에서 분리시키는 괄호의 역할만 하도록 하라. After the flight, Tina looked—and she'd be the first to admit it—like an unmade bed.
> 좀 더 부드럽고 덜 거슬리는 괄호가 적합한 경우라면, 대시 대신에 괄호를 쓰라. Tina's luggage (complete with her return ticket) appeared to be lost.

참고로 대시와 하이픈을 혼동해서는 안 된다. 대시가 더 길다. 대시를 쓰고 싶은데 컴퓨터 키보드에 없는 경우 하이픈을 두 개(--) 써도 좋다.

사이에 끼어 버린 하이픈(-)

하이픈은 단순히 짧은 대시가 아니다. 대시와 하이픈의 역할은 완전히 다르다. 대시가 문장 속에서 생각이나 큰 부분들을 나누어 주는 것이라면, 하이픈은 단어들이나 단어의 일부를 나누어 준다. 관점에 따라서는 연결해 준다고도 볼 수 있다. My mother-in-law works for a quasi-official corporation that does two-thirds of its business with the government.

신문을 보면 문장의 끝에서 단어가 분리될 경우, 그 단어의 음절을 다음 줄에 다시 이어주기 위해 하이픈이 쓰인다. 그렇지만 우리가 어렵게 생각하는 하이픈의 사용법은 그런 경우가 아니라, 어떤 단어 안에 하이픈이 들어가는지 들어가지 않는지이다. 예를 들어 가족 관계를 나타내는 mother-in-law, 두 단어로 된 형용사인 quasi-official, 분수를 표시하는 two-thirds 등이 그런 경우들이다. 다음에 하이픈이 필요한 경우와 그렇지 않은 경우를 소개한다.

임시직으로 일하는 하이픈

하이픈에 대해 이해하기 힘든 것 중 하나는 두 단어로 이어진 형용사에서의 하이픈 사용법이다. 두 단어가 하나의 명사를 설명하기 위해 합쳐진 경우, 어떤 때는 하이픈을 써야 하지만 어떤 때는 쓰지 않는다.

하이픈을 넣을지 말지를 결정하기 위해 맨 먼저 알아야 할 것은, 형용사가 명사 앞에 오는가 아니면 뒤에 오는가이다.

> 명사 뒤에 오는 경우라면 하이픈을 쓰지 말라. Father is **strong willed**. My cousin is **red haired**. This chicken is **well done**. Ducks are **water resistant**.

> 명사 앞에 오는 경우에는 명사를 수식하는 두 단어 사이에 하이픈을 쓰라. He's a **strong-willed** father. I have a **red-headed** cousin. This is **well-done** chicken. Those are **water-resistant** ducks. 그러나 이 규칙에도 예외가 있으니 다음 내용을 참고하라.

예외적인 경우

명사와의 상대적 위치에 따른 하이픈 사용 규칙의 예외를 몇 가지 살펴보자.

> self나 quasi가 단어의 일부라면 꼭 하이픈을 넣으라. Robert is **self-effacing**; still, he's a **self-confident** person. He's our **quasi-official** leader; the position is only **quasi-legal**.

> 두 단어가 따로 쓰일 경우에도 문장이 성립한다면, 명사 앞에 오더라도 하이픈을 쓰지 말라. Hodge was a **naughty old** cat. Alicia is a **sweet young** thing.

> very가 두 단어 중 하나라면 하이픈을 쓰지 말라. That Hepplewhite is a **very expensive** chair. **much-admired** architect처럼 하이픈이 들어 있는 단어들도 very와 함께 쓸 때는 하이픈을 사용하지 말라. Sam's a **very much admired** architect.

> 두 단어 중 하나가 ly로 끝난다면 보통 하이픈을 쓰지 않는다. That's a **radically different** haircut. It give you an **entirely new** look.

> 첫 단어가 most, least, less라면 하이픈을 넣지 말라. The **least likely** choice, and the **less costly** one, is the **most preposterous** hat I've ever seen.

하이픈을 꼭 써야 하는 경우

반드시 하이픈을 써야 하는 경우가 있다.

> ex가 '이전의'라는 뜻으로 쓰이는 경우. Hal is the **ex-president** of the company.

> anti-British나 Trollope-like처럼 대문자로 시작하는 단어의 앞이나 뒤에 다른 단어를 더하는 경우. 이 규칙의 예외로는 Christlike와 Antichrist가 있다.

> shell-like처럼 like가 더해져 l이 2개나 3개 연속으로 이어지게 되는 경우.

> 앞이나 뒤에 단어를 더했을 때 ultra-average나 anti-isolationist 처럼 같은 모음이 2개 이어지는 경우. 그렇지만 pre나 re는 preempt나 reenter에서처럼 이 규칙의 예외일 때가 많으므로, 같은 모음이 2개 중복되는 경우 사전을 찾아 확인하라. (모음은 a, e, i, o, u다.)

> 분수를 표현하는 경우. **Three-quarters** of the brownies and **two-thirds** of the cookies are gone. half와 관련된 표현은 다음 내용을 참고하라.

>> half가 들어가는 경우

half에 대한 규칙이 있었으면 좋겠지만, 경우의 수가 너무 많다. 어떤 단어들은 halfhearted, halfway처럼 half를 단어의 일부로 포함시키고, 어떤 단어들은 half note, half sister처럼 half를 분리한다. 그리고 어떤 단어들은 half-hour, half-moon처럼 하이픈을 취한다. 따라서 반드시 사전을 찾아봐야 한다.

하이픈을 쓰지 않는 경우

대부분의 사람들은 단어의 시작이나 끝에 다른 단어를 더하고자 할 때 꼭 하이픈을 쓴다. mini를 van 앞에 넣을 때 우리는 minivan이라고 쓰지 않고 mini-van이라고 써 버린다. like를 life 뒤에 넣고자 할 때는 lifelike가 아니라 항상 life-like라고 쓴다. 이렇게 수없이 많은 하이픈이 불필요한 곳에 나타난다. 하이픈이 필요 없는 접두사와 접미사들을 알아보자.

[접미사]

ache : I'll trade my **toothache** for your **headache**.

less, most : The **ageless** soprano can still hit the **uppermost** notes.

like : What a **lifelike** Gainsborough.

wide : Sewer rats are a **citywide** menace.

[접두사]

anti : Elmer was **antifeminist**.

bi : They're conducting a **bicoastal** romance.

co : This celebrity autobiography has no **coauthor**.

extra : His **extracurricular** schedule is full.

inter : Luke has **intergalactic** ambitions.

micro, mini, multi : Excuse me for a moment while I **micromanage** a **minicrisis** among these **mutlitalented** children.

mid : Our raft sand **midstream**.

non : Hubert is a **nonperson**.

over, under : Be **overcautious** if your date is legally **underage**.

post : He lives in a **postwar** building.

pre, pro : The **prenuptial** atmosphere was definitely **promarriage**.(다음에 나오는 노트를 참고하라.)

re : They have **reexamined** their situation.(다음에 나오는 노트를 참고하라.)

semi : I wish I'd invented the **semiconductor**.

sub, super : Our **subbasement** got **supersaturated** in the flood.

trans : Leslie is a **transsexual**.

ultra : That Nancy is **ultrachic**.

un : Argyle socks with sneakers are **uncool**.

NOTE pre, pro, re로 시작하는 단어에 하이픈을 써야 하는 예외적인 경우도 있다. pre, pro, re로 시작하는 단어가 하이픈 없이는 너무 읽기 힘든 경우, pre-iron이나 pro-am처럼 하이픈을 넣는다. 그리고 re로 시작하는 단어가 똑같은 철자이면서 다른 의미를 가진 단어와 혼동될 여지가 있다면 하이픈을 쓰라. 예를 들어 '다시 덮다'라는 뜻으로 쓰고 싶다면 re-cover라고 써서 recover와 혼동되는 것을 피하라. 다른 예로는 re-creation, re-petition, re-press, re-sent, re-serve, re-sign, re-sort, re-treat가 있다. 상사가 재계약을 하자고 할 때, "I'm going to re-sign (다시 계약하겠다.)"이라고 말하는 것과 "I'm going to resign(사표를 내겠다.)"이라고 말하는 것은 정반대의 의미이므로 주의해야 한다.

>> 가족 관계를 나타내는 하이픈

가족의 호칭에는 하이픈이 들어갈 때도 있고 안 들어갈 때도 있다. 바르게 쓰는 법을 정리하면 다음과 같다.

[하이픈을 쓰는 경우]

ex를 쓸 때. Meet my **ex-husband**.

in-law를 쓸 때. Fred's my **brother-in-law**.

great를 쓸 때. There goes my **great-aunt**.

[하이픈을 쓰지 않는 경우]

step을 쓸 때. His **stepson** Charlie is a doctor.

half를 쓸 때. Bob's **half brother** is a thug.

grand를 쓸 때. She can't be a **grandmother**!

다재다능한 아포스트로피(')

허공에 떠있는 듯한 이 작은 부호는 O'Conner와 같은 성씨를 비롯한 많은 단어에 붙어 있는데, 아포스트로피라고 한다. 아포스트로피는 특히 간판을 만드는 사람들을 혼란스럽게 하는 구두점이다. 상점의 차양이나 창문, 트럭의 옆면, 심지어는 네온사인에까지, 많은 간판들에는 아예 필요 없거나 잘못된 위치에 놓인 아포스트로피가 양념처럼 들어가 있다. 단어의 복수형에 들어 있는 특이한 아포스트로피는 각별히 신경써야 한다.

아포스트로피의 사용법을 살펴보자.

> **소유격에** : 소유를 나타내려면 단수명사나 s로 끝나지 않는

복수명사에 's를 붙인다. **Buster's** bulldog has wrecked the **children's** room. s로 끝나는 복수명사의 소유격에는 아포스트로피만을 붙인다. This was the **boys'** idea. 소유격에 대해 더 알고자 한다면 챕터3을 보라.

> **빠진 글자의 자리에** : 아포스트로피는 단축된 단어나 구절의 어느 부분에서 글자가 생략됐음을 나타낸다. should not의 단축형인 shouldn't를 예로 들자면, not의 o가 빠진 곳을 아포스트로피가 보여준다. 어떤 단축형들은 꽤 불규칙적인데, won't나 옳지 않은 표현인 ain't가 그 예다. 이처럼 짧아진 단어나 구절을 단축어라고 하며, 105~107쪽에 그 목록이 나와 있다. 또한 사전에도 나오므로 확신이 들지 않는다면 사전을 참고하라.

> **콤마나 마침표와 함께** : 콤마나 마침표, 혹은 다른 어떤 구두점이라도 아포스트로피로 끝나는 소유격 단어의 뒤에 올 때는 반드시 아포스트로피의 다음에 놓여야 한다. The idea was the **boys'**, but the responsibility was their **parents'**.

> **특이한 복수형에** : 알파벳 글자의 복수형을 만들 때는 's를 붙여 읽기 쉽게 만든다. At Swarthmore, Libbi got all **A's** and **B's** and started to spell her name with two **i's**. 알파벳의 복수형에 쓰인 아포스트로피에 대해서는 52~53쪽을 참고하라.

말을 담아 주는 따옴표(" ")

따옴표는 마치 책상 위의 책들이 넘어지지 않도록 양쪽에 세운

북엔드와도 같다.

시작되는 따옴표는 항상 인용구의 첫 단어 바로 앞에 붙는다. “Can we talk?” 사용하기 어려운 것은 끝에서 마무리를 짓는 따옴표다. 인용구 뒤에 오는 마침표, 콤마, 물음표 등의 구두점이 마무리를 짓는 따옴표의 앞에 오는지 뒤에 오는지를 결정해야 하기 때문이다. 그 순서는 다음과 같이 정리할 수 있다.

[따옴표 안에 들어가는 부호]

> **마침표**. “I think I’m going to be sick.”
> **콤마**. “I shouldn’t have eaten those strawberries,” Gustav said.

[따옴표 밖에 들어가는 부호]

> **콜론**. There are two reasons she hates the nickname “Honey”: It’s sticky and it’s sweet.
> **세미콜론**. Frank’s favorite song was “My Way”; he recorded it several times.

[경우에 따라 따옴표의 안이나 밖에 들어가는 부호]

> **물음표**. 대부분의 경우 물음표는 따옴표 안에 들어가야 한다. “Who goes there?” said the sentry. “What is the password?” 그렇지만 인용구에 속하지 않은 물음표는 따옴표 밖에 넣는다. Who first recorded “Girls Just Want to Have Fun”?
> **느낌표**. 대부분 느낌표는 따옴표 안에 들어간다. “Captain!” said Sulu. “We’re losing speed!” 그렇지만 인용구에 속하지 않은

느낌표는 따옴표 밖에 넣는다. My God, the screen just went blank after reading "Situation Normal"!

> **괄호**. 인용구 전체를 괄호 속에 넣고자 한다면 마지막 따옴표 밖에 닫는 괄호가 와야 한다. Uhura had the last word("I told you so"). 만일 인용구의 일부만이 괄호 속에 들어간다면 닫는 괄호는 마지막 따옴표 안에 들어간다. She added, "Maybe next time you'll listen to me (if there is a next time)."

> **아포스트로피**. 도대체 어쩌다 이런 난처한 처지에 빠졌단 말인가? 보통 인용구 속에 있는 단어의 소유격을 만들려면 아포스트로피를 따옴표 밖에 찍어야 한다. "The Raven"이라는 시 제목을 예로 들어 보자. "The Raven"'s first stanza is the best. 볼썽사납지 않은가? 너무나도 보기 흉해서 어떤 출판물들은 "The Raven's"라고 속임수를 쓰곤 하는데, 이것은 아름다울지는 모르지만 분명히 잘못된 용법이다. 나라면 이런 문제를 아예 피하라고 권하겠다. "The Raven"'s author was Poe.라고 쓰지 말고 문장을 재배열하라. Poe was the author of "The Raven."

NOTE 인용구 속에 또 인용구가 있다면 안쪽의 인용구는 작은따옴표 안에 넣도록 하라. "Was it Linus who said, 'Get lost'?" said Lucy.

>> 물음표에 관한 물음

때로는 물음 속에 또 다른 물음이 들어 있다. What do you mean, "What did I do to my hair"와 같은 문장에서는 어디에 물음표를 찍어야 할까? 물음표를 2개 쓸 수는 없다. 그렇다면 물음표는 끝의 따옴표 안에 넣을까 아니면 밖에 넣을까?
이런 경우에는 마음대로 해도 좋다. 물음표의 위치는 어떤 물음을 강조하고 싶은지에 달려 있다.
따옴표 안에 담긴 물음을 강조하고 싶다면, 물음표를 따옴표 안에 넣으라. How many of you have asked yourselves the question, "Who am I?"
문장 전체의 물음을 강조하고 싶다면, 물음표를 따옴표 밖에 넣으라. What do I say when the waiter asks, "Which wine, sir"?
이 규칙은 감탄문 안에 또 감탄문이 있거나 혹은 감탄문과 의문문이 함께 쓰인 경우에도 적용된다. 2개의 부호를 쓰지 말라. 문장에서 강조하고 싶은 부분을 정하라. 다음의 예문들을 살펴보자.
Did I hear someone scream "Help!" 이 경우에 글쓴이는 물음이 아닌 감탄을 강조한 것이다.
Why in heaven's name did you yell "Wake up"? 이 경우에 글쓴이는 감탄이 아닌 물음을 강조한 것이다.

제목을 다루는 방법

왜 *Vogue*나 *Huckleberry Finn* 같은 제목들은 이탤릭체를 쓰면서 "How Do I Love Thee?"이나 "My Funny Valentine"과 같은 제목들은 보통 글자체로 쓰고 따옴표에 넣는 걸까?

제목을 어떻게 쓰는가에 대해서는 다양한 관습이 있다. 예를 들어 대부분의 신문에서는, 모든 제목이 평범한 활자로 처리되지만 그것들이 모두 따옴표 안에 들어가지는 않는다.

조언을 하자면 관습을 따르는 것이 좋다. 책, 영화, 연극, 잡지, 신문 등과 같이 좀 길다 싶은 저작물의 이름들은 이탤릭체로 하라. 시, 단편소설, 노래 등과 같이 좀 짧다 싶은 저작물의 이름들은 따옴표 안에 평범한 글자체로 하라.

[이탤릭체를 쓰는 경우]

책 : *Gone With the Wind*

잡지 : *Newsweek*

신문 : *The Miami Herald*

영화 : *Million Dollar Legs*

TV 시리즈 : *Jeopardy!*

회화, 조각 : Duchamp's *Nude Descending a Staircase*, the *Venus de Milo*

연극, 뮤지컬, 오페라, 발레 : *Macbeth*, *Guys and Dolls*, *The Magic Flute*, *Swan Lake*

[따옴표를 쓰는 경우]

기사 : "The Cellulite Cure: Fact or Fiction?"

에세이 : "Civil disobedience," by Henry David Thoreau

시 : "The Raven," by Edgar Allen Poe

단편소설 : "The Secret Life of Walter Mitty," by James Thurber

노래 제목 : "Begin the Beguine"

NOTE 클래식 음악의 제목은 다양한 방식으로 표기된다. 심포니, 콘체르토, 소나타 등의 공식적인 작품명은 따옴표 없이 보통 글자체로 쓰는 게 바람직하다. Mahler's Symphony No. 2 in C Minor, Mozart's Serenade in D. 그렇지만 작품의 별칭을 말한다면 이탤릭체로 쓰라. Beethoven's *Emperor* Concerto, schubert's *Trout* Quintet.

>> 따옴표를 쓰지 말아야 할 때

간판을 만드는 사람들은 따옴표를 굉장히 좋아하는 것 같다. 그들은 따옴표 안에 넣기만 하면 철자법을 무시해도 된다고 생각한다. 내가 간판업에 대해 잘 모르긴 하지만, 혹시 그들은 구두점을 찍을 때마다 돈을 더 받는 게 아닐까? 내가 본 몇 가지 간판들을 보자.

네일샵 : Our instruments Are "Sterilized"
피자집 : "Free" Delivery
열쇠가게 : "Fast" and "Friendly" Service

위의 간판들 어디에도 따옴표가 들어갈 이유는 없다. 따옴표 속의 단어들을 강조하려는 의도일지는 모르나, 다른 글자체나 밝은 색상으로 강조하는 것이 더 좋은 방법이다.
더군다나 이렇게 쓰이는 따옴표들은 읽는 사람에게 오해를 일으킬 수도 있다. 그런 식으로 쓰인 따옴표는 그 속의 내용이 진심이 아니라 비판적이거나 냉소적이라는 느낌을 표현하기 위해 사용되기도 하기 때문이다. Uncle Oscar's regular Friday-night "volunteer work" turned out to be a poker game.
여기서 얻을 수 있는 교훈은 따옴표가 필요 없다면 쓰지 말라는 것이다. 훗날 수도관이 새서 사람을 불렀는데 배관공이 "Licensed" plumber라고 쓰인 차를 몰고 나타난다면, 내가 이미 주의를 줬다는 사실을 기억해 주기 바란다.

chapter

9

잘못 놓인 표현들

물 밖으로 나온 물고기

A Fish out of Water

chapter

9

모든 사람의 영어가 완벽하다면 인생은 꽤나 지루할 것이다. 또 사람들이 말실수를 하지 않는다면 두음전환(spoonerism)이라는 현상이 일어나지도 않았을 것이다. 두음전환은 혀가 꼬여 잘못 발음하는 것으로 유명했던 옥스퍼드 대학의 학과장 스푸너(William A. Spooner) 목사의 이름을 딴 것이다. 물론 그가 "It is kisstomary to cuss the bride."(역주: It is customary to kiss the bride.에서 cus와 kiss가 두음전환되어 생긴 문장.)와 같은 문장을 말했다는 식의 일화들은 대부분 허구에 불과하다.

또 모든 사람의 영어가 완벽하다면 말의 익살스러운 오용 역시 없을 것이다. '익살스런 오용'을 뜻하는 말라프로피즘(malapropism)의 모델인 말라프로프(Malaprop) 부인은 18세기 연극에 나오는 캐릭터로, 박식한 척하기 위해 말을 하지만 단어를 잘못 사용해서 어떤 신사에게는 "The very pineapple of politeness!"(역주: pineapple 대신 최고점이라는 pinnacle을 쓰려 했을 것이다.)라고 말하고, 또 다른 신사에게는 "Illiterate him ... from your memory."(역주: illiterate 대신 '지우다'라는 뜻의 obliterate를 쓰려고 했을 것이다.)라고 말한다.

우리는 영어가 융통성 있는 문법과 무수한 단어로 우리에게 말장난을 할 여지를 충분히 제공하면서도 아직껏 아수라장이 되지 않은 것에 대해 감사해야 한다. 코미디언인 그루초 막스(Grouch Marx)는 "Love flies out the door when money comes innuendo."(역주: in 대신 innuendo를 써서 단순히 돈이 생기면 사랑을 버린다는 뜻을 넘어 빈정거림(innuendo)까지 담은 문장이 된다.)라고 말한 적이 있는데, 과연 같은 문장을 에스페란토로 표현할 수 있을지는 의문스럽다.

이처럼 장난을 칠 여지가 있는 언어에서는 자연스럽게 실수도 저지를 수 있다. 더군다나 영어 문장은 정해진 문법을 따르지 않고 쓰일 때가 많다. 특히 흔한 오류인 '잘못 놓인 수식어(dangler)'에 대해 나는 호감이 생길 지경이다. 잘못 놓인 수식어란 위치가 잘못되어 엉뚱한 부분을 수식하게 되는 어구를 말한다. 예를 보자. Strolling along the trail, Mount Rushmore came into view. 도입구인 strolling along the trail이 잘못 놓인 수식어이다. 왜냐하면 Mount Rushmore라는 잘못된 부분을 수식하고 있기 때문이다. 이 문장대로라면 거닐고 있던 것은 바로 그 산이 되어 버린다.

잘못 놓인 수식어는 신문이나 베스트셀러를 비롯해 전국에 방영되는 뉴스와 고속도로 광고판에도 나온다. 그것들은 남이 썼을 때는 굉장히 웃긴다. 그러나 당신이 말을 하거나 글을 쓸 때라면, 뒤죽박죽된 문장이 그다지 웃기지 않을 것이다. 다음 예시에서 잘못된 부분들을 찾아보라.

> **Born at the age of forty-three**, the baby was a great comfort to Mrs. Wooster. 이 문장의 구조대로라면 어머니가 아닌 아이의 나이가 43살이다. born at the age of forty-three 라는 도입구가 the baby의 바로 앞에서 그것을 수식하는 역할을 하게 된 것이다. 이 문장을 고치는 방법은 순서를 바꿔 보는 것이다. The baby, **born when Mrs. Wooster was forty-three**, was a great comfort to her.

> **Tail wagging merrily**, Bertie took the dog for a walk. tail wagging merrily가 Bertie의 바로 앞에 있는 것이 보이는가?

꼬리는 개에게 붙이라. **Tail wagging merrily**, the dog went for a walk with Bertie.

> **As a den mother**, Ms. Basset's station wagon was always full of Cub Scouts. 이런! as a den mother가 Ms. Basset's station wagon의 앞에 있다. 사람에게 직접 붙이라. **As a den mother**, Ms. Basset always had her station wagon full of Cub Scouts.

잘못 놓인 수식어들은 마치 숲속의 버섯들과도 같다. 처음엔 어렵지만 방법만 터득한다면 쉽게 찾을 수 있다. 고삐 풀린 수식어들이 문장 속 어디에 있든, 숙련된 사냥꾼이라면 가장 명백한 장소인 문장의 도입부부터 점검할 것이다. 첫 번째 구절이 잘못된 단어에 매달려 있다면, 혹은 수식할 단어가 아예 없다면, 그것이 바로 잘못 놓인 수식어이다. 특정한 종류의 도입부들은 다른 것들보다 잘못될 가능성이 높다. 어디를 검토해야 하는지 살펴보자.

유력한 용의자들

문장의 앞쪽에 나온 ing가 붙은 단어는 잘못 놓인 수식어일 가능성이 있으니 언제나 의심해 보라. 그것들은 무죄가 입증될 때까지 의심해 보아야 한다. 범인을 잡고 싶다면 누가 행동의 주체인지 살펴보라. walking, talking, singing 등의 행동을 누가 하고 있는가? 의외의 답이 나올 수도 있다. 다음의 예에서 ing가 들어간 구절을 보고 누가 그 행동을 했는지 찾아보라.

> **After overeating**, the hammock looked pretty good to Archie. 이 문장에서 누가 과식을 했는가? 해먹(달아매는 그물 침대)이다! 사람이 과식을 한 것이라면 ing 구절은 Archie 바로 앞에 와야 한다. **After overeating**, Archie thought the hammock looked pretty good.

> **On returning home**, Maxine's phone rang. 누가 집에 왔는가? Maxine의 전화기다! 전화기의 주인이 집에 돌아왔다면 Maxine을 도입부 바로 다음에 놓도록 하라. **On returning home**, Maxine heard the phone ring.

> **Walking briskly**, the belt of her raincoat was lost. 누가 걷는가? 벨트다! 도입부 바로 뒤에 오는 단어가 걷고 있는 것이 되어 버린다. 사람이 힘차게 걸었다면 도입부 바로 뒤에 그녀를 놓으라. **Walking briskly**, she lost the belt of her raincoat.

당나귀 꼬리 달기

파티에서 어린아이들이 당나귀 꼬리 달기 놀이를 하면서 엉뚱한 곳에 꼬리를 다는 장면을 본 적이 있는가? 이따금 명사를 설명해 주는 형용사도 잘못된 위치에 놓이곤 한다. 꼬리가 잘못 달린 당나귀 같은 문장을 보자.

틀린 문장 : **Dumpy and overweight**, the vet says our dog needs

more exercise.
dumpy and overweight라는 설명이 개에게 붙어야지 수의사에게 붙어서는 안 된다.
옳은 문장 : **Dumpy and overweight**, our dog needs more exercise, the vet says. 이보다 더 적절한 해결책은 문장을 완전히 다시 쓰는 것이다. The vet says our dog needs more exercise because she's **dumpy and overweight**.
dumpy and overweight와 같은 형용사들은 가장 가까운 명사를 수식하기를 좋아한다.

수식어구를 정확한 위치에

문장 앞쪽에 잘못 놓여 있는 부사는 마치 맞지 않는 마차에 매인 말과도 같다. 동사를 설명해 주는 부사는 주로 ly로 끝나기 때문에 찾아내기 쉽다. 부사가 보인다면 그것이 알맞은 동사에 매여 있나 확인하라. 다음의 예문에서 부사가 어떻게 잘못 놓였는지 살펴보자.

틀린 문장 : **Miraculously** we watched as the surgeon operated with a plastic spoon.

지금의 문장대로라면 첫 단어인 miraculously는 수술하는 동작이 아니라 보는 동작을 수식한다. 가장 가까운 동사가 watched이기 때문이다. 바로잡으려면 ly가 붙은 단어를 수식하려는 동사에 더 가까이 옮겨야 한다.

옳은 문장 : **Miraculously**, the surgeon operated with a plastic spoon as we watched.

다른 해결책도 있다. We watched as the surgeon **miraculously** operated with a plastic spoon.
miraculously 같은 부사들은 가장 가까운 동사를 수식하기를 좋아한다. 이렇게 문제가 될 수 있는 부사에 관해서는 176쪽을 참고하라.

길 잃은 문장

문장의 맨 앞에 방향 표시판이 있다면 오히려 길을 잃기가 쉽다. 여기서 말하는 방향 표시판이란 바로 전치사로, at, by, on, with 등 방향이나 위치를 나타내는 단어들이다. 전치사가 잘못된 위치에 놓이면 길 잃은 문장을 만들게 된다. 전치사를 문장 앞에 사용할 때는 이 점을 주의하라.

틀린 문장 : **At the age of ten**, my father bought me a puppy.

이 문장대로라면 10살인 아버지가 내게 강아지를 사줬다는 말이 된다. at the age of ten이라는 도입구가 my father 앞에 놓여 있기 때문이다. 표시판이 올바른 방향을 가리키게 하려면 문장을 재배열해야 한다.

옳은 문장 1 : **At the age of ten**, I got a puppy from my father.

옳은 문장 2 : My father bought me a puppy when I was ten.

>> 예외가 통용되는 경우

어떤 표현들은 너무 흔해서 특별한 대상을 수식하지 않아도 문장의 도입부에 놓이는 것이 허용된다. 사람들은 마치 목소리를 가다듬듯 그런 표현들을 가볍게 사용한다. 예를 들어, 우리는 Generally speaking, pigeons mate for life.라고 말할 수도 있는데, 당연히 비둘기들이 말을 할 리가 없고, 또 아무도 그렇게 생각하지 않을 것이기 때문이다.

아무리 잘못된 곳에 놓여도 용서되는 흔한 표현으로는 다음과 같은 것들이 있다.

strictly speaking, barring unforeseen circumstances, considering the alternative, assuming the worst, judging by appearances, after all, by and large, on the whole, admittedly, put simply, given the conditions, in the long run, in the final analysis, to tell the truth, contrary to popular belief, to be perfectly frank. 이런 구절들은 아주 흔해져서 이제는 예외로 인정될 권리마저 얻었다. 그러나 그것들이 꼭 필요한 구절인가에 대해서는 아직 고민해봐야 할 것 같다. 목을 가다듬듯 별생각 없이 사용되는 표현들에 대해 더 알아보려면 317쪽을 보라.

TO로 시작할 때

잘못 쓰인 표현들 중 가장 잡아내기 어려운 것 중 하나가 to로 시작하는 구절들이다. to부정사로 시작하는 문장을 주의하라. 문장의 도입부는 동작을 하는 사람이나 물체를 수식해야 하는데, 다음의 예문에서는 도입부가 문장을 혼란스럽게 만들고 있다.

틀린 문장 : **To crack an egg properly**, the yolk is left intact.

이 문장대로라면 달걀을 깨는 주체가 노른자가 된다. 도입부의 to crack an egg properly가 달걀을 깨는 동작을 하는 사람이 아닌 the yolk의 앞에 나오기 때문이다. 이 문장을 바로잡아 보자.

옳은 문장 : **To crack an egg properly**, you must leave the yolk intact.

더 간단하게 To crack an egg properly, leave the yolk intact.라고 해도 좋다. (이 문장은 누군가가 지시를 받고 있는 명령문이므로 주어는 여전히 you이다.)

특히 기기들의 사용 설명서에는 이런 식으로 잘못 놓여 있는 부정사들로 가득 차 있다. 다음과 같은 문장을 본 적이 있는가? **To activate widget A**, doohickey B is inserted into slot C. 이 해괴한 물체를 작동시키려고 하는 주체가 사람이라면, you를 주어로 넣어야 한다. **To activate the widget A**, you insert doohickey B into slot C. 혹은 누구나 you가 주어라는 것을 이미 알고 있기 때문에 생략할 수도 있다. **To activate widget A**, insert doohickey B into slot C.

그럴싸한 이야기

잘못 놓인 수식어를 찾고 있는가? 그렇다면 like나 unlike로 시작하는 문장부터 찾아보라. 대부분의 경우 실수를 찾을 수 있을 것이다. 잘못된 예문을 살펴보자.

틀린 문장 : **Like Alice**, Fran's face-lift cost plenty.

like Alice는 Fran's face-lift라는 잘못된 대상 앞에 나와 있으므로 잘못된 수식어구이다. Alice의 비교 대상은 아마도 Fran의 주름제거술이 아닌 Fran이라는 사람일 것이다. 비교되는 두 대상이 실제로 비교가 가능한 것인지를 확인하도록 하라. 이 문장은 두 가지 방법으로 바로잡을 수 있다.

옳은 문장 : **Like Alice**, **Fran** paid plenty for her face-lift. 혹은 **Like Alice's**, **Fran's** face-life cost plenty.

chapter 10

사형 선고

진부한 표현들은 없어져야 하는가?

Do Clichés Deserve to Die?

chapter

10

뱅크헤드(Tallulah Bankhead)는 자신을 가리켜 pure as the driven slush('진창처럼 깨끗한', 역주: 보통은 pure as the driven snow, 즉 '눈처럼 깨끗한'이라고 표현한다.)하다고 말했다. 그리고 파산은 흔히 a fate worse than debt('빚지는 것보다도 가혹한 운명', 역주: 보통은 a fate worse than death, 즉 '죽음보다 가혹한 운명'이라고 표현한다.)라고 표현되곤 한다. 우리는 이런 표현들을 볼 때마다, 마음의 준비를 하고 있던 '진부한 문구'들이 나타나지 않았기 때문에 안도의 한숨을 내쉬게 된다.

단어에 상상력을 더해 생생함이나 놀라움을 주는 비유적 표현이 나쁠 것은 없다. 그렇지만 비유적 표현은 더 아름답거나 생생하거나 효과적일수록, 더 사랑받고 기억되고 반복되고 낡아져서 마침내 과로로 죽어버리는 것이 의사소통의 비극이다. 그래서 성경이나 셰익스피어가 진부한 표현들로 가득 차 있다고 말하는 사람들도 있는 것이다.

우리가 쓰는 비유적 표현들은 아주 다양해서 법, 사업, 패션, 예술, 문학 등 분야별로 통용되는 비유적 표현의 모음집이 있을 정도다. 그래서 피곤에 찌든 도서 비평가는 어떤 소설은 a richly woven tapestry(아름다운 직물 같은 작품), a tour de force(역작), 혹은 a cautionary tale(경고가 담긴 이야기)이라고 하고, 소설 속 인물들은 coming of age(철이 드는 중)이거나 rites of passage(통과의례)를 경험하는 중이라고 흔하디흔한 비유를 들 것이다. 기업의 high rollers(큰손들)에게는 bottom line(결산 결과)이나 회사가 in play(잘 운영되는 중)인지 혹은 주가가 gone south(하락함)인지가 매우 중요하다.

그렇다면 진부한 표현과 익숙한 문구들은 당장 없애야 할까? 그렇지는 않다. 당신의 귀에 어떤 구절이 여전히 생생하고 역동적이라서 다른 표현보다 더 낫게 들린다면 그냥 써도 좋다. 그러나 상투적인 느낌이 든다면 가차 없이 버리라. 덧붙이자면 늘 쓰이는 the tip of the iceberg 같은 비유적 표현을 쓰는 것이, 그것을 살짝 바꾼 the tip of the proverbial iceberg처럼 어색하게 변화시키는 것보다는 낫다. 또 uncharted seas나 high dudgeon과 같은 진부한 표현이라도, unchartered seas나 high dungeon 같은 틀린 표현을 쓰는 것보다는 낫다. 그리고 진부한 표현이든 아니든 다음 문장처럼 서로 상관도 없는 비유적 표현을 섞어서 쓰면 안 된다.

He got off his high horse and went back to the drawing board.

이렇게 비유적 표현을 섞어 쓰는 실수에 대해서는 이 장의 끝에 더 자세히 나와 있다.

진부한 표현들을 모조리 없앨 방법은 없다. 수십 명의 셰익스피어가 모여야 모든 진부한 표현들을 새롭게 단장할 수 있을 것이며, 그것들조차 머지않아 진부해질 것이기 때문이다. 생생한 표현은 생생하기에 그렇게 많이 쓰이는 것이다. 그러나 진부한 표현들은 그저 언어에 더하는 케첩, 머스터드 등의 양념 정도로 생각하라. 필요할 때 쓰되 너무 많이 쓰면 안 된다는 말이다. 햄버거에는 베어네이즈 소스를 넣지 않고 케첩을 넣는데, 그것이 정상이다. 하지만 아무 데나 케첩을 넣지는 않는다. 어떤 요리에는 특별한 소스가 필요하기 때문이다. 오늘날 과용되고 있는 언어의 양념들을 살펴보자.

acid test

너무 자주 쓰면 시험에 떨어질 수 있다.

agree to disagree

사람들은 정말로 서로의 차이를 인정해서 싸움을 그만두는 게 아니라 그저 싸우기 지쳐서 그만두는 것이다.

at the end of the day

이 표현은 그냥 잠을 재우도록 하자.

back to the drawing board

이것 역시 동의어 사전 속에만 담아두자.

The ball is in your court.

당신이 페더러(Roger Federer)처럼 뛰어난 테니스 선수라면 용서가 되는 말이다.

beat a dead horse

한 달에 2번 이상 이 표현을 쓰는 사람이라면 ASPCA(미국동물애호협회)에 기부를 해야 할 것이다.

between a rock and a hard place

너무 답답하게 가두는 표현이다.

bite the bullet

이 표현을 쓰지 말고 당신의 치아를 아껴라.

bitter end

making ends meet와 막상막하로 상투적이다.

blanket of snow

자연은 진부한 표현들 천지(fertile field)이다. 이 표현 말고도 sheets of rain, rain cats and dogs, calms before the storm, devastating earthquakes, raging torrents, bolts from the blue, steaming jungles, uncharted seas, watery graves, wide-open spaces, places in the sun, silhouetted against the sky 등도 피해야 할 표현들이다. 뒤에 나오는 golf-ball-sized hail 역시 이런 표현들과 비슷하다.

blessing in disguise

이렇게 표현해야 한다면 제대로 변장한 축복이 아니다.

boggles the mind

가끔 정신이 아찔한 것은 괜찮지만 계속 아찔하다면 문제가 있는 것이다.

bone of contention

이전 세대 분들이나 쓸 만한 이 표현은 너무 남용되어 골다공증에 걸릴 지경이다.

bored to tears

지루함을 불평할 더 멋진 표현이 분명히 있을 것이다.

bottom line

엉덩이를 일으켜 이보다 더 창의적인 표현을 찾아보라.

broad daylight

light of day와 마찬가지로 이 표현에 해가 비치던 때도 지나갔다.

brute force

이 표현은 강한 힘을 잃은 지 오래다.

a bug going around

어떤 병에 걸렸는지 분명히 모른다는 말에 불과하다.

by hook or by crook

hook, line, and sinker라는 표현이나 lock, stock, and barrel이라는 표현과 마찬가지로 진부하다.

can of worms

이 캔을 너무 자주 열지 말라. 그리고 nest of vipers나 hornet's nest 같은 비슷한 유형의 표현 또한 되도록이면 건드리지 말라.

can't see the forest for the trees

이 표현을 계속해서 쓰고 있다면 근시안적인 상상력을 가진 사람이다.

champing at the bit

이 표현을 반드시 쓰고 싶다면 제대로 쓰라. 말이 재갈을 씹는 것은 chomp가 아니고 champ이다.

come to a head

bring to a head라고도 쓰이며 피부과에서 먼저 사용되던 표현이다. 곪아터질 지경이라는 의미인데 굳이 더 건드려야 하겠는가?

cool as a cucumber

남발한다면 쿨하지 않은 것이다.

cut to the chase

이 표현은 그야말로 커트하라.

cutting edge

날카롭기는커녕 뭉툭하기 그지없다.

days are numbered

너무 자주 쓰일 뿐만 아니라 우울하기까지 한 표현이다.

dead as a doornail

왜 하필이면 큰 못처럼 죽었다고 하는가? 죽음에 관련된 표현들에 대해서는 다음의 passed away 부분을 읽어보라.

diamond in the rough

pearls before swine도 마찬가지인데, 언어를 치장할 때는 보석이 적을수록 좋다는 것을 명심하라.

discreet silence

silence는 이것 말고도 chilly silence, eloquent silence 등의 진부한 표현에 자주 등장한다. 명심할 것은 그렇게 고요하면 '핀 하나

떨어지는 소리까지도 들린다(hear a pin drop)'는 것이다.

draw a blank

진부한 표현이 다 떨어지면 이렇게 된다.

each and every

one and the same, any and all과 마찬가지로 표현력이 부족한 작가들이 사용한다.

easier said than done

당연한 말씀! 그리고 이것과 비슷한 no sooner said than done은 거의 지켜지지 않는 약속이다.

errand of mercy

진정으로 자비로운 사람은 진부한 표현을 쓰지 않는다.

far be it from me

이 말을 한다면 관계없는 일에 끼어들려 하고 있다는 얘기다. 굳이 끼어들고 싶다면 far be it for me라는 식으로 잘못 쓰지 말고, 정확하게라도 쓰라.

fell through the cracks

무언가가 자신의 잘못이 아니라고 말하는 설득력 없는 주장이다. fell between the cracks라고 잘못 말해서 상황을 악화시키지 말라.

few and far between

이 케케묵은 표현처럼 요즘은 창의적인 표현이 흔치 않다.

food for thought

이 표현을 싸구려(from hunger)라고 하고 싶다. '싸구려'라는 표현 또한 진부한 표현이기는 하지만.

fools rush in

그리고 바보들은 도착하자마자 진부한 표현들을 쏟아낸다.

foregone conclusion

'전혀 놀랍지 않았다'는 말을 아주 재미없게 표현한 말이다.

foreseeable future

미래는 결코 예견할 수 없다. 만약 미래가 보이는 사람이 있다면 선물거래를 해야 할 것이다.

general consensus

반대하고 싶은 표현이다.

generation gap

이보다 더 진부한 표현인 Generation X는 이미 썩어가는 중이다.

get nowhere fast

진부하기는 하지만 spinning your wheels보다는 덜하다.

get the show on the road

이미 옛날에 끝내야 했을 표현이다.

glass ceiling

level playing field처럼 이 표현 역시 너무 남용되고 있다. 너무 속 보이는 표현 아닌가?

golf-ball-sized hail

왜 하필이면 골프공인가? 자두나 탁구공으로 변화를 주는 건 어떨까?

green with envy

이 색깔이 되는 건 불가능하다.

grind to a halt

1년에 한 번쯤은 용서되는 표현이다.

head over heels

나는 아직도 이 표현이 이해가 안 된다. heels over head가 더 이치에 맞지 않은가?

heated argument

열띠지 않은 논쟁도 있나?

his own worst enemy

스스로 자신의 등을 찌른 것이라면 몰라도 웬만하면 사용하지 말자.

hit the ground running

뛰기는커녕 오히려 문장을 방해한다.

I hear what you're saying.

이 말을 하는 사람들은 언어에 대한 이해가 부족한 사람들이다.

impenetrable fog

머리를 비우고 다른 말을 생각해 내라. 어쩌면 thick as pea soup라는 표현을 다시 사용해야 할지도 모르겠다.

in the final analysis

이런 표현을 쓰고 있다면 심리치료사를 찾아가라.

in the nick of time

just in time이라는 표현으로는 부족하다는 말인가?

innocent bystander

구경꾼은 왜 항상 죄가 없을까? 거짓말 탐지기라도 써 봤는가?

it goes without saying

정말 그렇다면 굳이 말을 하지 말라.

jump start

자동차라면 모를까, 경제 같은 것도 자극을 주어 시동을 걸 수 있다는 말은 의심하고 보는 것이 낫다.

last but not least

제일 하찮은 것이 아니라면 마지막에 말하지 말라.

leaps and bounds

가젤이나 영양, 어쩌면 도마뱀도 껑충껑충 뛸지 모르겠지만, 다른 것들은 거의 그런 식으로 움직이지 않는다.

legendary

이 단어와 fabled는 너무 많이 사용된다. 전설적이고 우화 같다고? 당신이 이솝이나 그림 형제가 아니라면 이 단어들을 쉬게 내버려 두라.

Let's touch base.

차라리 그렇게 하지 말자. Let's do lunch. 역시 마찬가지다.

make a killing

taken to the cleaners라는 표현보다 조금 더 낫다는 말 외에는 칭찬할 것이 하나도 없는 표현이다. 둘 다 너무 많이 쓰지 말라.

mass exodus

성당에서 나오는 인파를 뜻하는 게 아니라면 mass는 빼도 좋다.

meaningful dialogue

이 표현은 처음부터 멍청한 것이었다. meaningful은 빼라. 실은 dialogue 역시 멍청한 표현이다. 사람들이 이제는 talk하지 않는다는 말인가?

moment of truth

항상 나쁜 소식이 따르지 않던가?

more than meets the eye

시력이 좋다면, 보이는 것 외에는 사실 별 게 없다는 것을 알 수 있다.

narrow escape

너무 낡아빠진 표현이다.

needle in the haystack

이 표현은 제발 그만!

nip it in the bud

자를 만큼 잘랐다고 본다.

on my watch

그야말로 watch해야 할 표현이다.

on the ground

이 표현을 외출 금지시키자.

Only time will tell.

이 표현이 재미있던 시절은 갔다.

outside the box

패주고 싶을 만큼 지루하다.

pandora's box

이제 뚜껑을 닫을 때가 된 것 같다.

passed away

'죽음'만큼 진부한 표현이 많은 것도 흔치 않다. 정말 안타까운 일이다. 가장 진심 어린 말이 필요한 상황임에도 오가는 말들은 그것을 부정하는 것들뿐이다. 죽었다고 말하는 것이 부끄러운 일이 아닌데도 사람들은 솔직하게 말하지 못한다. 다음과 같은 표현들을 사용하기 전에 한 번 더 생각하라. passed away, passed on, passed, untimely end, cut down in his prime, called to his Maker, called away, great beyond, this mortal coil, bought the farm, hopped the twig, fell off his perch, kicked the bucket, gone to a better place, handed in his dinner pail, checked out, grim reaper, in the midst of life, irreparable loss, broke the mold, vale of tears, time heals all, words can't express, tower of strength, he looks like he's sleeping.

piece of cake

한물간 표현이다.

play hardball

이미 삼진 당한 표현이다.

play it by ear

피아노를 치는 상황이 아니라면 자주 쓰지 않는 것이 좋다.

political hopefuls

나는 이 표현에 반대표를 던지겠다.

powers that be

실세가 되고 싶은 사람들이 남용하는 표현이다.

preexisting condition

이 표현은 계속 사용될 것 같지만, 뜻이 중복되는 말이다. end result, final outcome, new initiative, close proximity 등도 의미가 중복되는 표현들이다.

pushing the envelope

편지를 정리하는 중일 때만 이 표현을 쓰라.

raise the bar

기대치를 너무 높이면 망하는 수가 있다.

reliable source

그렇다면 다른 소식통들은 다 거짓말쟁이란 말인가?

roller coaster

이 표현 앞에는 주로 감정이나 재정 문제에 관련된 단어들이 오는데, 자연재해, 불치병, 국가 예산, 올림픽 경기 등에 관한 뉴스에서 자주 접할 수 있는 표현이다. 롤러코스터에서 곧 내리기를 바랄 뿐이다.

sadder but wiser

현명한 조언을 들은 후에 사람들은 이렇게 더 슬프지만 더 현명한 상태가 된다. 조심스럽게 예측하자면 이 훌륭한 표현은 꽤 오래 갈 것 같다. 물론 그것도 일단 세월이 흘러봐야 알 것이다(only time will tell).

scream bloody murder

목소리를 낮추는 것이 좋겠다.

sea of faces

흔히 bright and shining faces라고도 표현된다. 졸업식에서 연설하는 사람들은 이 표현들을 좀 쉬게 해 주면 어떨까?

seat of the pants

너무 닳도록 쓰지 말라.

seriously consider

진부할 뿐만 아니라 진심이 전혀 담겨 있지 않은 표현이다. 누군가 당신의 제안을 신중히 검토해 보겠다고 말한다면, 그는 이미 제안을 거절한 것이다. 그 사람이 active consideration이나 due consideration까지 약속했다면, 그것은 더 확실한 거절의 표현이다.

shattered with grief

이 표현을 들으면 사실은 별로 슬프지 않은 미망인이 생각나는 이유가 뭘까?

sickening thud

미스터리 소설이 나온 후 처음 5,000편 정도에서는 a shot rang out 뒤에 주로 나왔던 이 표현이 신선했다.

slippery slope

이 함정에 빠지지 말라!

spinning your wheels

헛바퀴만 돌리지 말고 기어를 바꾸라.

sticks out like a sore thumb

이 표현 역시 눈엣가시이다.

sweet spot

달기는커녕 이미 시어버린 표현이다.

take the bull by the horns

당신부터 진부한 표현에 맞서라.

tarnished image

이 표현은 blot on the escutcheon과 먼 친척쯤 되는데 좀 세련되게 다듬을 필요가 있다. 휴가를 주는 게 어떨까?

team player

상사가 당신에게 팀 플레이어가 되라고 요구한다면, 그 말은 자기 일을 더 떠맡아 달라는 것이다.

thick as thieves

도둑놈들은 그리 멍청하지 않다. 그들이 멍청하다면 플리 바겐(plea bargain)이 통하지 않을 것이다.

tight ship

이런 배는 금방 침몰한다.

tip of the iceberg

이보다 더 나은 구절을 생각해 내는 사람에게 경의를 표하겠다.

to the manner born

진부한 표현을 쓰려 한다면 최소한 제대로 쓰는 예의라도 갖추자. 셰익스피어의 '햄릿'에 나온 이 표현은 특정한 삶의 방식에 '익숙한' 혹은 '정통한'이라는 뜻이다. 어떤 사전에서는 'to the manor born' 이라는 새로운 표현도 '태어날 때부터 특권이 있는'이라고 나와 있다.

tongue in cheek

이 표현보다 더 케케묵은 표현은 아마 tongue firmly in cheek밖에 없을 것이다. 둘 모두 더 이상 안 봤으면 좋겠다.

tough act to follow

좀 참신한 표현을 써 보자.

trust implicitly

이렇게 자신을 굳게 믿으라고 말하는 사람은 절대 믿지 말라.

tumultuous applause

60년대 음악 그룹이었던 Monkees 시절의 갈채이다.

24/7

이런 표현의 시대는 갔다.

up in the air

이것보다는 좀 더 현실성 있는 표현을 찾아보자.

viable alternative

굳이 따지자면 말도 안 되는 다른 표현들보다는 낫다.

war-torn

늘 전쟁이 일어나고 있기 때문에 이 진부한 표현은 슬프게도 여전히 쓰인다. war-torn된 장소는 반드시 궁지에 몰리거나(embattled) 포위되기(besieged) 마련이다.

what makes him tick

이 표현은 생생함을 잃고 있다.

win-win situation

모두가 이기는 것이 아니라 모두가 지는 표현이다.

world-class

세계적 수준은커녕 수준 이하다.

>> **비유가 당신과 함께하기를!**

우리가 비유를 좋아하는 것은 당연하다. 비유가 없다면 언어가 얼마나 지루하겠는가! 가장 흔한 비유인 은유는 하나의 이미지를 통해 다른 이미지를 불러일으킨다. 상상력이 있는 한 한계는 없다. 은유가 있기에 우리는 한 가지 사실을 무수한 방법으로 표현할 수 있다.

volley of abuse라는 구절을 예로 들어보자. 이 말은 끓어오르는 분노를 빗발치는 총탄에 빗대어 표현한 말이다. 이런 은유는 대단히 생생한 이미지를 남긴다.

그렇지만 만약 하나의 이미지가 다른 이미지와 경쟁을 해야 한다면, 그것은 흔히 말하는 혼란스러운 은유가 된다. 예를 들어 The **volley of abuse** was the **straw that broke the camel's back**.이라는 문장을 보자. 뚜렷하게 떠오르는 이미지 대신에 그저 총알과 지푸라기라는 관념만이 대립될 뿐이다. 여러 개의 은유를 혼합해서 쓰지 말라는 이유가 그것이다. 이미지들이 경쟁하면서 효과를 반감시키기 때문이다. There's always a **silver lining** at the **end of the tunnel**.이나 Don't **count your chickens** till the **cows come home**. 같은 문장들이 그런 예다.

어떤 사람들은 은유법을 너무 좋아해서 꼭 쌍으로 쓰려고 한다. 두 이미지가 서로 충돌하지만 않는다면 괜찮을 수도 있다. Frieda viewed her marriage as a **tight ship**, but Lorenzo was plotting a **mutiny**.라는 문장을 보자. tight ship과 mutiny라는 두 단어의 이미지는 항해라는 개념을 공유하고 있기 때문에 자연스럽게 하나의 그림 안에서 조화가 된다. 그렇지만 두 가지 비유가 함께 쓰여서 그렇게 어우러지는 경우는 극히 드물다. 따라서 은유는 적게 쓸수록 더 좋다.

chapter
11

좀비처럼 남아 있는 규칙들

지난 규칙은 사라지게 내버려 두자

Let Bygone Rules Be Gone

chapter

11

문법이라는 집에는 여러 개의 방이 있는데, 어떤 방에는 귀신이 살고 있다. 문법 퇴마사들의 온갖 노력에도 불구하고, 지난 규칙의 유령들과 상상 속에만 존재하는 문법적 금기의 망령들이 그 집을 돌아다니고 있다.
가끔은 오래된 제약이 낡아 없어지기도 하고, 규범인 줄 알았던 것이 실제로는 존재한 적도 없었다는 사실이 밝혀지기도 한다. 문제는 이런 귀신들에게 한 번 홀리면 벗어나기 힘들다는 것이다. 예를 들자면 지금은 부정사를 분리하거나 전치사로 문장을 끝내는 것이 문법 규칙에 어긋나지 않는데도, 존재하지 않거나 낡아빠진 규칙의 망령들이 자꾸 우리를 괴롭힌다. 이 장에서 나는 그런 문법 규칙의 망령들 하나하나에 묘비를 세워 줌으로써 영원히 잠재우고자 한다. 그것들의 명복을 빈다.

묘비 1 : 부정사를 분리하지 말라.

이 규칙의 명복을 빈다.

부정사는 동사의 가장 단순한 형태로서 동사의 원형을 보여준다. 주로 앞에 to가 붙어 있기 때문에 부정사임을 알 수 있다. Blackbeard helped him **to escape**. 그렇지만 to는 부정사의 일부가 아니고 항상 필요한 것도 아니다. Blackbeard helped him **escape**. to는 다른 단어들의 위치를 지정해 주는 전치사로서, 우리에게 부정사가 그 뒤에 온다는 것을 알려준다.

사실 '부정사 분리'라는 말 자체가 잘못된 것이다. to는 부정사의 일부가 아니며, 따라서 분리할 것도 없기 때문이다. 물론 to가 부정사와 가까이 놓일 때 더 나은 문장이 되는 경우가 많다. Dilbert decided **to mention** dating in the workplace. 그렇지만 중간에 수식하는 단어 한두 개를 넣어 to와 부정사를 분리시켜도 문제될 것은 없다. Dilbert decided **to discreetly mention** dating in the workplace.

이런 문장이 자연스럽게 들리는 이유는, 영어에서 discreetly와 같은 부사가 놓일 가장 좋은 위치는 그 부사가 수식하는 단어(여기에서는 mention)의 바로 앞이기 때문이다. 달리 어디에 discreetly를 넣는단 말인가? 만약 decided나 dating의 앞이나 뒤에 넣어 버린다면 문장의 뜻이 변한다. 그러므로 to부정사는 분리해도 좋다. 그러나 너무 멀리 떼어 놓지는 말라. 나쁜 예는 다음과 같은 것이다. Dilbert decided **to discreetly and without referring to the boss's secretary mention** dating in the workplace.

가끔 to부정사를 분리시키지 않기 위해 문장을 다시 쓰기도 하는데, 이럴 경우 문장의 뜻이 이상해질 수도 있다. 다음의 예문에서 단어들을 다시 배열해 보라. Kiri's landlord wanted to **flatly forbid** singing. 다음 문장도 시도해 보라. He threatened **to more than double** her rent. 또 다음의 문장도 시도해 보라. The landlord is expected **to strongly oppose** weaker noise regulations. 내가 한 말의 뜻을 알 수 있을 것이다.

영어로 글을 쓰는 사람들은 이미 1300년대부터 스스럼없이 to 부정사를 분리했다. 19세기 중반 이전까지만 해도 그렇게 쓰는 것에 전혀 문제가 없었다. 그런데 그 당시의 라틴어 학자들이, 특히 헨리 앨포드(Henry Alford)가 본인의 저서인 *A Plea for the Queen's English*에서, 그런 용법을 금지하는 잘못을 저질렀다. (일부 언어학자들은 그러한 금기가 빅토리아 시대 사람들의 어리석은 라틴어 사랑에서 비롯되었다고 말한다. 라틴어에서는 부정사를 분리시킬 수 없다.) 이 '규칙'은 약 반세기 동안이나 널리 받아들여지다가 문법학자들에 의해 잘못되었음이 밝혀졌다. 그럼에도 불구하고 이 규칙은 프레디 크루거(역주: 영화 '엘름가의 악몽'에 나오는 잘 죽지 않는 살인마)보다 더 끈질기게 우리를 괴롭히는 망령으로 남아 있다.

묘비 2 : 전치사로 문장을 끝내는 것은 잘못된 것이다.

이 규칙의 명복을 빈다.

영어 교사들이 흥분하며 강조하던 규칙이기도 하다.
이런 규칙으로 우리를 속박한 장본인은 18세기 영국의 성직자이자 라틴어 학자였던 로스(Robert Lowth)이다. 그가 최초의 대중적 문법책에서 at, by, for, into, off, on, out, over, to, under, up, with 등 다른 단어의 위치를 지정해 주는 전치사로 문장을 끝내면 안 된다고 주장했기 때문이다. 초서에서 셰익스피어, 밀턴에 이르기까지 위대한 작가들의 작품에 전치사로 끝나는 문장들이 많았음에도 불구하고, 이 규칙은 받아들여졌다. 이 규칙이 왜 받아들여졌는지는 아무도 모른다. 어쩌면 라틴어 문법이 그렇기 때문일지도 모르고, 아니면 전치사라는 단어에 '...의 앞에 위치한다'라는 뜻이 있기 때문인지도 모른다.

어떻게 이런 규칙이 받아들여졌든, 현대의 문법학자들은 오랫동안 이 규칙을 없애려고 노력해 왔다.

묘비 3 : data와 media라는 단어는 분명히 복수명사이며, 그래서 항상 동사의 복수형을 취한다.

이 규칙의 명복을 빈다.

이제는 data가 agenda, erotica, insignia, opera, stamina 등과 같이, 원래 라틴어나 그리스어에서는 복수였지만 영어로 바뀌면서 단수명사가 되었다는 사실을 받아들일 때가 됐다. 이런 단어들은 복수형이 필요하지 않다. 예전에 쓰이던 단수형 datum은 고대 로마인들이나 쓸 법한 단어이다.
media에 대해서 말하자면, 그것이 흔히 쓰이는 대중매체라는 뜻이라면 단수명사다. The **media was** in a frenzy. 그렇지만 각각의 매체를 말하는 경우라면 복수명사다. The **media** present **were** TV, radio, newspapers, an the blogosphere. 후자의 경우 단수형은 medium이 된다. The liveliest **medium** of all **is** the blogosphere.

묘비 4 : 문장의 주어를 항상 동사 앞에 두라.

이 규칙의 명복을 빈다.

도대체 누가 그러던가? 영국의 계관시인이었던 테니슨(Tennyson)에게 그렇게 말해 보라. 테니슨은 'Into the valley of Death / Rode the six hundred'라고 썼다. 그는 the six hundred라는 주어를 동사인 rode 뒤에 쓰는 것을 전혀 개의치 않았던 것이다.

물론 대부분의 경우 행동의 주체인 주어가 실제 일어난 동작인 동사 앞에 나오는 문장이, 그 반대인 경우보다 더 강력하고 직접적으로 들린다. Murray came later.라는 문장이 Later came Murray.보다 강한 인상을 준다. 하지만 동사를 앞에 두는 것이 자연스러울 때가 있다. Says who? 같은 문장이 그 예이다. 문학작품을 보면 주어보다 동사가 앞에 나오는 시적인 표현들이 가득하다. 이유가 궁금하다면 "Quoth the Raven, 'Nevermore.'"라고 말한 포(Edgar Allan Poe)에게 물어보라.

NOTE 문장이 there로 시작한다면 동사의 뒤에 진주어가 온다. 예를 들어, **There was a young man from Darjeeling.**에서 주어는 there가 아니라 man이다. 많은 문법책에 there로 시작하는 문장은 좋지 않다고 나오지만 사실 나쁠 것도 없다. 85쪽과 310~311쪽을 참고하라.

묘비 5 : and나 but으로 문장을 시작하면 안 된다.

이 규칙의 명복을 빈다.

이것이 왜 틀렸다는 말인가? 가끔씩 and나 but으로 문장을 시작하는 게 무슨 문제란 말인가?
오랫동안 어떤 영어 교사들은 접속사인 and나 but은 문장 내의 요소들을 잇기 위해서만 사용해야지, 독립된 문장들을 잇는 데 사용하면 안 된다고 강조했다. 그러나 그렇지 않다. 이미 10 세기경부터 접속사로 문장을 시작하는 것은 흔한 일이었다. 그렇지만 너무 남용하지는 말라. 문장이 무미건조해질 수가 있다.

묘비 6 : has been과 같은 동사구를 분리하지 말라.

이 규칙의 명복을 빈다.

이것도 규칙이었던 적이 없다. 그저 to부정사를 분리하면 안 된다는, 널리 알려진 잘못된 생각의 부산물일 뿐이다. 102~103쪽과 297~298쪽을 참고하라.

묘비 7 : none은 항상 단수이다.

이 규칙의 명복을 빈다.

항상은 아니다. 사실 none은 복수일 가능성이 더 높다.
많은 사람들은 none이 not one을 뜻한다고 배운 것 같다. **None** of the chickens **is** hatched.가 그 예이다. 그러나 많은 권위 있는 학자들은 none이 not one (of them)이 아니라 not any (of them)의 줄임말에 더 가깝다고 보고 있다. 따라서 대부분의 경우 none은 복수이며, 복수동사를 취한다. **None** of the chickens **are** hatched.

none은 none of it을 뜻하는 경우에만 단수인데, 그것은 no amount라는 의미이다. **None** of the milk **was** spilled.
정말로 not one을 뜻하고 싶다면 그냥 not one이라고 쓰면 된다.
none에 대해 더 알고 싶다면 복수형에 관한 부분인 48~49쪽을 참고하라.

묘비 8 : 무생물을 가리킬 때는 whose를 쓰지 말라.

이 규칙의 명복을 빈다.

이 오래된 규칙은 이미 유행이 지났다. 소유격인 whose로 무생물을 가리켜도 절대 틀리지 않는다. Never buy a **car whose** odometer doesn't work.

이와 관련해서 무생물에 's를 붙이면 안 된다는 것도 잘못된 생각이다. This **car's** odometer is broken.이 틀렸다고 생각하는 것 말이다. 이 생각은 무생물은 생물과 달리 소유욕이 없다는 논리에서 나온 것 같다. 이상한 논리다. 어쨌든 이 책의 입장은 지나간 규칙은 그냥 잊으라는 것이다.

묘비 9 : It is me.가 아닌 It is I.라고 말하라.

이 규칙의 명복을 빈다.

이것은 유행이 지난 또 다른 규칙이다. 최고로 격식을 차려야 하는 자리가 아니라면 문법적으로는 바르지만 고리타분한 It is I., That's he., It's she. 대신 It is me., That's him., It's her.라고 써도 된다. 비슷한 맥락에서 Me too.라고 말해도 좋다. I too.라는 대체형은 문법적으로 올바를지는 모르나, 대법원이나 언어학회에서 연설하는 것이 아니라면 그렇게까지 격식을 차릴 필요는 없다.

I와 me에 대한 더 자세한 내용은 27~32쪽을 보라.

묘비 10 : 문법적으로 whom이 와야 할 자리에 절대 who를 쓰지 말라.

이 규칙의 명복을 빈다.

아직까지 whom을 완전히 버릴 수는 없다. 그렇지만 오늘날의 문법학자들은 대부분 대화나 격식을 차릴 필요가 없는 글쓰기에서라면, who를 문장의 도입부나 절의 도입부에 whom 대신 써도 좋다고 본다. **Who's** the package for? You'll never guess **who** I ran into the other day.
whom이 to, from, behind, on 등의 전치사 뒤에 와야 하는 경우에도, 격식을 차릴 필요가 없는 상황이라면 who를 whom 대신 전치사 앞에 쓸 수 있다. 즉 From **whom**?은 Who **from**?으로 쓰면 된다.
who와 whom에 대한 내용은 24~27쪽에 더 자세히 나와 있다.

묘비 11 : 사람을 칭할 때 절대 who 대신 that을 쓰면 안 된다.

이 규칙의 명복을 빈다.

당신이 어떻게 알고 있든, 사람은 that도 될 수 있고 who도 될 수 있다. that은 800여 년 동안 동물이나 무생물과 마찬가지로 사람에게도 사용된 올바른 영어이다. The **girl that** married dear old Dad was Mom.
그러나 사물은 항상 that이다. He took her on a Paris **honeymoon that** broke the bank.
that과 who에 대해, 그리고 동물을 칭하는 관계대명사에 대해서는

27쪽을 보라.

묘비 12 : 항상 능동태를 쓰고 수동태는 피하라.

이 규칙의 명복을 빈다.

수동태가 약한 느낌을 주고 사물을 돌려 말하는 방식인 것은 맞다. 더 손쉬운 표현 방법은 행동의 주체를 행동이 가해지는 대상 앞에 놓고, 그 사이에 동사를 넣는 것이다. 즉 주어–동사–목적어의 순서로 놓는 것이다.
그러나 이런 문장이 항상 최선인 것은 아니다. 다음과 같은 경우에는 수동태가 더 적절하다.

> 강조하고 싶은 구절이 있을 때. 강조하거나 놀라움을 표현하기 위해 행동을 하는 주체를 문장 끝으로 보낼 수 있다. The gold medal in the five-hundred-meter one-man bobsled competition **has been won** by a six-year-old child!
> 누가 했느냐가 중요하지 않을 때. 때로는 동작을 하는 주체가 전혀 언급되지 않는 경우도 있다. Hermione **has been arrested**. Witherspoon **is being treated** for the gunshot wound. 이런 문장에서는 누가 헤르미온느에게 수갑을 채웠고, 누가 위더스푼을 치료하는지를 알 필요가 없다.

묘비 13 : 절대로 이중부정을 사용하지 말라.

이 규칙의 명복을 빈다.

이중부정에 대한 나의 조언은 '절대'라고 '절대' 말하지 말라는 것이다. 이중부정이 처음부터 부정적으로 인식되었던 것은 아니다. 수세기 동안 한 문장 속에 두 개의 부정이 쓰이는 것은 아무 문제가 없는 것으로 여겨졌다. 초서와 셰익스피어도 부정을 강조하기 위해 자주 그렇게 썼다. 18세기가 되면서 이중부정이 잘못된 영어라는 인식이 생겼는데, 하나의 부정이 다른 부정을 상쇄한다고 생각했기 때문이다. 이것 역시 문장 끝에 전치사를 쓰면 안 된다고 했던 로스라는 사람의 주장이다.

현재로서는 I didn't do nothing.이나 You never take me nowhere. 등과 같이 명백하게 잘못된 경우는 피하되, 이중부정을 아예 사용하지 않을 이유는 없다. 특히 직설적으로 말하고 싶지 않은 경우에는 이중부정이 유용하다. Your blind date is not unattractive. I wouldn't say I don't like your new haircut. 책 끝의 용어 사전에 이중부정에 대한 설명이 좀 더 나와 있다.

묘비 14 : I will 대신 I shall을 쓰라.

이 규칙의 명복을 빈다.

한때는 고상한 분들이 단순미래를 나타내기 위해 I will이나 we will 대신 I shall이나 we shall이라는 표현을 썼다. 그렇지만 이제는 will이 shall을 제치고 널리 쓰이고 있다. 물론 지금도 shall은 제안을 나타낼 때 I나 we와 함께 쓰일 수 있다. **Shall I** freshen your drink, or **shall we** go?

shall의 몰락에 관해서는 동사에 관한 부분인 103~104쪽을 참고하라.

묘비 15 : over 대신 more than을 쓰라.

이 규칙의 명복을 빈다.

아는 체하기 좋아하는 사람이 당신에게 over는 숫자에는 쓸 수 없고 양에만 쓸 수 있다고 말한 적이 있을지도 모른다. 하지만 사실은 그렇지 않다. over는 more than이나 in excess of 대신에 쓸 수 있다. 이 표현이 오류라는 잘못된 인식이 널리 퍼진 것은 19세기의 신문 편집자들 때문이다. Dad's new car gets **over** ten miles to the gallon.

묘비 16 : since를 because의 뜻으로 쓰지 말라.

이 규칙의 명복을 빈다.

가끔씩 무척 엄격한 문법학자가 나타나 since는 since Thursday와 같이 시간을 나타낼 때만 사용해야 한다고 말한다. 혹시 그런 충고를 들었다 해도 잊어버리라. since가 항상 '지금으로부터 ~까지' 혹은 '~한 때로부터'라는 뜻으로 쓰이는 것은 아니기 때문이다. since는 '~때문에'라는 뜻으로도 쓰일 수 있다. **Since** you asked me, I'll tell you. since는 이런 뜻으로 500년 넘게 쓰였다.
다만 혹시 의미에 혼란이 없는지를 확인하라. **Since** we spoke, I've had second thoughts.가 그 예이다. 이 경우 since는 '~한 때로부터'라는 뜻도 되지만 '~때문에'라는 뜻도 될 수 있으므로, 좀 더 정확한 단어를 쓰는 것이 낫다.

묘비 17 : while을 although라는 뜻으로 쓰지 말라.

이 규칙의 명복을 빈다.

어떤 문법학자들은 while이 '시간'을 뜻하는 앵글로색슨어에서 나왔다면서, '~하는 동안'이라는 뜻으로만 써야 한다고 주장한다. 그렇지만 while을 문장의 도입부에 넣어 '~이긴 하지만(although나 whereas)'이라는 뜻으로 쓰는 전통은 적어도 16세기부터 존재했다.
While he may be short, he's wiry.
다만 의미가 혼동되지 않도록 조심하라. **While** he reads the Times, he watches the news on CNN.에서는 while이 '~하는 동안'이라는 뜻도 될 수 있고, '~에도 불구하고'라는 뜻도 될 수 있다. 이런 경우에는 의미가 좀 더 분명한 단어를 써서 혼동을 피하자.
while에 관해 한 가지 더 지적하겠다. 어떤 사람들은 문장에 다양성을 주기 위해 and 대신 while을 쓰는데, while처럼 유용한 단어를 별 이유 없이 그렇게 남용하지는 말자. while이 갖고 있는 뜻이 필요하지 않다면 쓰지 않는 것이 낫다. Wally wears suspenders, **while** his favorite shoes are wingtips.와 같이 쓰지 말라는 얘기다.

묘비 18 : lit이 아니라 lighted를 써야 한다.

이 규칙의 명복을 빈다.

light의 과거형으로 lit을 쓰는 것은 잘못이 아니다. Paul **lit** two cigarettes, then gave one to Bette.

NOTE 많은 이들이 dived가 아닌 dove, sneaked가 아닌 snuck에 눈살을 찌푸린다. 그렇지만 시대는 변하고 영어 역시 변한다. 이제는 사전에서도 dove와 snuck을 받아들이고 있다. 물론 격식을 차리는 글에서는 피하라고 권하고 싶다. 하지만 우리는 표현의 자유가 있기 때문에 사용하고 싶다면 사용해도 좋다. 140쪽과 157쪽을 참고하라.

묘비 19 : gotten이 아니라 have got을 써야 한다.

이 규칙의 명복을 빈다.

이 규칙이 옳다고 생각한다면 문법을 잘못 알고 있는 것이다.

한때는 get의 과거분사가 got과 gotten 2가지라는 사실에 모든 사람들이 동의했었다. 과거분사란 have, had, has와 함께 쓰이는 동사형을 말한다. 물론 영국인들이 약 300년 전부터 have gotten 이라는 표현을 쓰지 않았다는 것은 사실이지만, 미국에 살던 사람들은 계속 have got과 have gotten을 모두 사용해왔다. 이 말은 미국인들이 잘못된 영어를 사용하고 있다는 뜻이 아니라, 미국인들은 가엾은 영국인들이 잃어버린 미묘한 의미 차이를 유지하고 있다는 뜻이다.

Fabio **has got** three Armani suits.라는 표현은 파비오가 정장을 소유하고 있음을 의미한다. 즉 has got이 has와 똑같은 뜻이다.

Fabio **had gotten** three Armani suits.라는 표현은 파비오가 정장을 얻거나 구하게 되었음을 의미한다.

이러한 구분은 매우 유용하므로 영국인들도 다시 쓰면 좋을 듯한 표현이다.

묘비 20 : in all of와 both of에서 of를 빼라.

이 규칙의 명복을 빈다.

중복되는 단어들을 집중적으로 단속하는 어떤 사람들은 all of와 both of에서 of가 필요없다고 생각한다. 그런 사람들은 all of me나 both of them처럼 오직 대명사 앞의 of만 인정한다. 그들은 **Both of** the thieves spent **all of** the money. 같은 문장을 보면 얼굴을 찡그리며 **Both** the thieves spent **all** the money.로 고쳐야 한다고 생각한다. 그러나 두 문장은 모두 올바르다. 이런 문장에서 of의 사용 여부를 정해놓은 규칙은 없다. 하지만 쓰고 싶지 않다면 쓰지 않아도 된다. 모든 사람을 늘 만족시킬 수는 없다. of를 쓰지 말아야 하는 경우에 대해서는 178쪽을 참고하라.

묘비 21 : there로 문장을 시작하지 말라.

이 규칙의 명복을 빈다.

물론 there로 시작하는 문장은 힘이 떨어진다. there는 진짜 주어를 대신하는 가주어이기 때문이다. There is a party going on.은 A party is going on.을 달리 표현한 문장으로, 두 경우 모두 진주어는 the party이다.
어떤 영어 교사들은 there로 문장을 시작하는 것을 못마땅해한다. 아마도 진주어가 동사보다 먼저 나오는 것을 선호하기 때문일 것이다. 하지만 신경 쓰지 말라. 잘못된 것은 없다. 실제로 훌륭한 문학작품에도 there로 시작하는 문장들이 많다. **There** is a tide in

the affairs of men, which, taken at the flood, leads on to fortune. 85쪽과 301쪽도 참고하라.

묘비 22 : Go slowly 대신 go slow라고 말하지 말라.

이 규칙의 명복을 빈다.

slow와 slowly 모두 아무 문제가 없는 부사다. 더군다나 slow는 셰익스피어와 밀턴 시절부터 인정받아 온 멀쩡한 부사다.
부사는 ly가 붙을 때도 있고 붙지 않을 때도 있으며, 많은 부사들은 slow와 slowly처럼 두 가지 형태를 띤다. ly가 붙지 않은 부사를 '단순형 부사'라고 하는데, 언제나 동사 뒤에 쓰여 구를 이룬다. 예를 들자면 sit tight, go straight, turn right, work hard, arrive late, rest easy, look sharp, aim high, play fair, come close, think fast 등이 있다. 위에 쓰인 straight, right, hard 등은 모두 흠잡을 데 없는 부사로, 몇 세기 동안 제 역할을 하고 있다.

chapter 12

말하는 대로 믿게 되리라

의도한 대로 글을 쓰는 법

How to Write What You Mean

chapter

12

좋은 작가란 힘들이지 않고 읽을 수 있는 글을 쓰는 사람이다. 힘을 쓰고 싶다면 웨이트트레이닝을 하지 왜 책을 보겠는가? 그러나 우리는 읽기 어려울수록 훌륭한 책이라고 세뇌를 당한다. 독자가 항상 옳다는 것이 진실이다. 당신이 읽는 글이 이해되지 않는다면 대개 당신 탓이 아니라 작가 탓이다. 그리고 당신이 쓴 글이 당신의 의도를 전달하지 못한다면 아마도 독자가 아닌 당신 탓일 것이다. 너무나도 많은 독자들이 이해할 수 없는 문장 앞에서 겁을 먹고 자신감을 잃고 있으며, 어떤 경우에는 작가가 그런 효과를 노리기도 한다. 그러나 혼란스러운 것은 어려운 것과 다르다. 혼란스러운 것은 그저 혼란한 것일 뿐이다. 고대 그리스 웅변가들은 자신이 말하고자 하는 바를 자기 자신도 모를 때는 조금씩 어렵게 말함으로써 아무도 알아채지 못하게 하는 것이 미덕이었다.

그렇다고 해서 간단한 것을 단순한 것과 동일시하지는 말라. 훌륭한 작가는 아무리 복잡한 개념이라도 금세 이해할 수 있도록 쉽게 표현한다. 하지만 이해하기 쉬운 글을 쓰기 위해서는 생각이 명료해야 하기 때문에, 간단한 글을 쓰는 것은 결코 쉽지 않다. 그래서 가장 간단하고 가장 이해하기 쉬운 글이 독자를 즐겁게 하고, 놀라게 하고, 깨닫게 하고, 감동하게 하는 강력한 힘을 갖는 것이다. 만일 작가와 독자가 대립하고 있다면 이런 공감은 결코 있을 수 없다.

이제 당신이 무엇을 말하고자 하는지 알고 있으며, 마치 산골짜기를 흐르는 냇물처럼 투명한 생각을 갖고 있다고 해보자. 그런 생각을 온전하게 글로 옮기려면 어떻게 해야 할까?

우아한 글쓰기를 위한 규칙은 없다. 다시 말해 글쓰기에는 문법이나 구두점 같은 명백한 규칙은 없다. 어떤 작문 책들은 문장을 짧게 쓰라고도 하고 형용사와 부사를 줄이라고도 한다. 나는 그런 주장에 반대하는데, 글쓰기는 로봇처럼 모방한다고 되는 것이 아니기 때문이다. 어떤 문장이 듣기에 좋고, 읽기에 매끄럽고, 쉽게 따라갈 수 있다면, 그것이 딱 맞는 길이인 것이다. 그렇지만 문장이 엉망이라면, 몇 가지 단계를 거쳐 더 나은 문장으로 다듬을 수 있다.

이 모든 것은 이메일 쓰기에도 해당된다. 좋은 영어란 명확한 영어다. 그것은 효율적이고, 정확하고, 합리적이고, 경제적이고, 때로는 아름답기까지 하다. 사실 좋은 영어는 오히려 온라인상에서 더 중요하다. 왜냐하면 이메일을 비롯한 인터넷상의 글들은 급하게 작성되는데다 짤막해서 전달하려는 내용을 혼동시킬 가능성이 높기 때문이다. 독자들의 짧은 집중 시간 또한 문제를 더 심각하게 만든다.

모든 종류의 글쓰기에 유용한 15가지 규칙들을 모아 보았다. 15개의 규칙을 모두 다 따르지 않아도 상관없지만, 다 따른다고 해서 나쁠 것은 없다.

1. 말해야 할 것을 말하라.

강단에서 청중들에게 연설을 하는 것이 아니라면 목을 가다듬을 필요가 없다. 당신의 청중들은 앉을 자리를 찾는 중이거나, 포크를 내려놓고 있거나, 대화를 마무리 짓고 있는 사람들이 아니다. 당신의 청중, 즉 독자들은 이미 준비가 끝난 상태다. 그러니 본론으로 직접 들어가라.

목을 가다듬기 위한 이런 문구들은 대개 버려도 좋다.

At this juncture I thought you might be interested in knowing...
Before we begin, perhaps it would be valuable to recall...
I can assure you that I'm sincere when I say...
In light of recent developments the possibility exists that...

그리고 이미 말을 시작했다면 문장에 의미 없는 어구를 추가하고 싶은 유혹을 참으라. 다음과 같은 문구들은 주저하지 말고 삭제하라.

at this point in time. 왜 now라고 쓰지 않는가?
if and when. if나 when 중 하나만 쓰라. 둘 다 필요한 경우는 거의 없다.
if I do say so myself. 당신은 벌써 말을 했다.
if I may. 허락을 구해야 하는 상황인가?
if you will. 헛기침하는 수준의 말이다.
that said. 이미 당신이 말한 것을 들었다.
unless or until. 단어 수에 따라 돈을 받는 경우가 아니라면 둘 중 하나만 쓰라.

물론 어떤 내용은 약간의 완충장치가 필요할 수도 있다. 은행에서는 계좌에 잔고가 없다는 것을 알릴 때, 민망한 상황을 고려하여 직접 표현하지 않고 다음과 같이 에둘러 표현하기도 한다. We at the bank feel that under the circumstances you would want us to bring to your attention as soon as possible the fact that... your account is overdrawn.

2. 할 말을 다 했으면 멈추라.

가끔 글이 잘 써지고 좋은 생각들이 자꾸 떠오를 때는 문장을 끝내기가 쉽지 않다. 그래서 독자들이 피곤하다는 것을 알고 있고, 내용이 논리적으로 결말에 도달했음에도 불구하고, 여기에는 세미콜론을 넣고 저기에는 however나 nevertheless를 넣어 문장을 점점 더 길게 늘인다. 결국 한 문단이 될 정도의 생각들을 우겨넣은 문장을 보고서야 더 이상 생각을 계속할 수 없게 되어 어쩔 수 없이 마침표를 찍는다.

새로 문장을 시작해야 할 때라면, 새로 문장을 시작하라.
그렇다면 언제가 적절한 시점인가? 써 놓은 문장을 읽으면서 숨을 쉬어 보라. 소리 없이 문장을 읽으면서 한 문장에 한 번의 들숨과 날숨만을 허용하라. 문장이 끝나기 전에 숨이 막힌다면, 너무 느리게 읽고 있거나 문장이 너무 긴 것이다.

3. 평범한 단어를 사용하라.

긴 단어들은 유혹적이다. 그러나 생각보다 깊은 감명을 주지는 않는다. 어떤 작가들은 간단명료하고 단순한 단어들로만 이루어진 문장은 화려하지 않다고 생각해서, 복잡한 단어들을 집어넣기도 한다. declare, assert, expostulate, announce, asseverate 같은 단어들을 쓸 수 있는데 왜 고작 say를 써야 하느냐는 것이다.
그렇지만 그런 허세는 떨치고 복잡한 단어보다는 간단한 단어를 선택하라.
피해야 할 단어들을 살펴보자.

dialogue

장황하게 말하기 좋아하는 작가들은 dialogue나 have a dialogue 하기를 좋아한다. 그런 사람들과는 talk하지 말라. dialogue보다 더 나쁜 표현은 meaningful dialogue이다. 285쪽을 참고하라.

impact

동사로 쓰인 이 단어는 나에게 잘못된 방식으로 impact한다. 세상 사람들에게 골칫거리를 안겨주기 싫다면 impact를 명사로만 쓰도록 하라.

interface

dialogue를 좋아하는 사람들은 interface도 좋아한다. 그들과 interface하지 말라.

monies

관료들은 money를 이렇게 말한다. money가 돈이라는 게 너무 티가 나서 그러는가 보다.

paradigm

비싼 척하는 단어지만 사실은 싸구려에 불과하다. PAIR-a-dime이라고 발음되는 paradigm은 그저 패턴이나 예시를 말할 뿐이다. 정말로 완벽한 기준을 의미하고 싶다면 paragon이라는 단어를 써야 한다.

parameter

글쓰기에 자신이 없는 작가들은 과학적 용어로 힘없는 문장에 권위를 더하려고 애쓴다. 그래서 경계, 특징, 구성물, 요소, 성질, 재료, 일부분, 주변, 특성, 혹은 요구 사항을 말하기 위해 parameter라는 단어를 쓴다. 어떤 단어가 지나치게 많은 것을 의미하다 보면 아무 뜻도 없는 단어가 되어 버린다.

transpire

격식을 지나치게 차리는 사람(stuffed shirt)들이 happen, occur, take place 대신 쓰는 단어다. 과대 포장에 불과하다.

unprecedented

전례가 없는 일이란 거의 없다. 이 단어로 특이하거나, 흔치 않거나, 이상하거나, 뜻밖이거나, 희귀하거나, 대단하거나, 호기심을 불러일으키거나, 불규칙적이거나, 보통이 아니거나, 놀라운 일 들을 지칭하지 말라. 아무리 당신에게 신기하게 보이는 것일지라도 대개는 전례가 있기 마련이다.

4. 직접적으로 말하라.

너무 많은 작가들이 자신이 말하고자 하는 바를 돌려서 말한다. 그래서 He didn't intend to ruin your flower bed.라고 직접적으로 써야 할 문장을 His intention was not to ruin your flower bed. 라고 쓴다.

말을 돌리지 말라. Mom reorganized my closet brilliantly.라고 말하고 싶다면, Mom's reorganization of my closet was brilliant. 라는 문장으로 그 뜻을 약화시키지 말라.

다른 예들도 보자.

Their house was destroyed in 1993.을 The destruction of their house occurred in 1993.이라고 하지 말라.
We concluded that Roger's an idiot.을 Our conclusion was that Roger's an idiot.이라고 하지 말라.
할 말이 있다면 직접적으로 하라. 기하학에서도 두 점을 가장 짧게 잇는 방법은 직선이라고 했다.

5. 주어는 동사 가까이에 두라.

아무도 문장이 복잡하거나 특이하면 안 된다고 말하지 않는다. 이해하기가 쉽다면 말이다. 두 번씩 반복해 읽어야 비로소 이해가 되는 문장을 쓰면 안 된다. 주어와 동사를 한없이 멀리 떼어놓은 문장을 보자.

The **twins**, after stubbornly going to the same high school despite the advice of their parents and teachers, **chose** different colleges.

주체가 되는 주어인 twins와 그들이 행하는 동작을 나타내는 동사 chose가 더 가까워질 수 있는 방법을 찾으라. The **twins chose** different colleges, after stubbornly going to the same high school despite the advice of their parents and teachers.

주어가 동사에 가까이 있을수록 독자들이 헤매는 일은 적을 것이다. 독자들이 방향을 잃을 가능성이 있다면, 다시 쓰도록 하라.

6. 수식어는 수식받는 단어 가까이에 두라.

농장 지대를 취재하던 한 TV 기자가 그곳에서 구제역 발병이 의심된다며 이렇게 말했다. The pasture contained several cows seen by news reporters that were dead, diseased, or dying.

어디에서 잘못되었는지 알겠는가? dead, diseased, or dying이 cows를 수식해야 하는데, 너무 멀리 떨어져서 마치 reporters를 수식하는 것처럼 되어버렸다. 기자는 Reporters saw a pasture containing several cows that were dead, diseased, or dying.이라고 말해야 했다.

수식어가 너무 멀리 떨어져 있으면 문장이 어색해지고 읽기 힘들어진다. 명사 cupboard와 그것을 수식하는 형용사 bare가 너무 멀리 떨어진 문장을 보자. Ms. Hubbard found her **cupboard**, although she'd gone shopping only a few hours before, **bare**. 이 문장은 다음과 같이 고쳐 쓸 수 있다. Although she'd gone shopping only a few hours before, Ms. Hubbard found her **cupboard bare**.

동사 is suing과 그것을 수식하는 형용사 definitely가 너무 멀리 놓인 문장도 있다. She **definitely**, if you can believe what all the papers are reporting and what everyone is saying, **is suing**. 이 문장은 두 단어의 거리를 좁혀서 She **definitely is suing**, if you can believe what all the papers are reporting and what everyone is saying. 으로 고칠 수 있다.

지도를 펼쳐 들고 단어의 위치를 찾아야 문장을 이해할 수 있는 글을 쓰면 안 된다.

7. 대명사의 사용에 주의하라.

명사를 대신해 주는 he, him, she, her, it, they, them 등의 대명사가 너무 많은 문장은 읽는 사람을 헷갈리게 할 수 있다. Fleur says Judy told **her** boyfriend **she** got a nose job and already regrets **it**.이 그런 예이다.

누구의 남자친구고, 누가 코를 성형했고, 도대체 누가 무엇을 후회한단 말인가? 이 문장을 쓴 사람은 물론 누가 누구인지 알고 있을 것이다. 그렇지만 남들은 모른다. 독자들이 글쓴이의 생각을 추측하게 만들지 말라. 위의 문장은 다음과 같은 내용이었을 수 있다. Judy already regrets telling **her** boyfriend about **her** nose job, or so Fleur says. 혹은 이런 내용이었을지도 모른다. Fleur says **her** boyfriend heard about **her** nose job from Judy, who already regrets telling him.

8. 명백한 사실에 대해 장황하게 늘어놓지 말라.

뻔한 사실임에도 굳이 장황하게 설명하는 작가들이 있다. 예를 들면, 그냥 목소리가 좋다고 하면 되는데 뒤에 to the ear를 덧붙여 귀에 듣기 좋다고 표현한다. 그냥 무언가를 준다고 하면 되는데 for free를 덧붙여 무료로 준다고 말한다. 독자는 그런 전치사구(by, for, in, of, to 등으로 시작되는 구)가 없어도 의미를 알 수 있다. 이런 쓸데없는 전치사구의 예로는 pretty in appearance, tall in stature, few in number, blue in color, small in size, stocky in build, plan in advance, drive by car, assemble in a group 등이 있다. 무슨 말인지 알아들었을 것이다.

advance reservations, final conclusion, foreign import, free gift, prerecorded, refer back, safe haven 등의 중복적인 표현을 쓰기 전에도 다시 한 번 생각해 보라. 같은 의미가 메아리로 돌아오는 것 같지 않은가?

9. 단어를 반복하는 것을 두려워하지 말라.

적절한 단어를 반복해서 사용하는 것이 어색한 대체어를 쓰는 것보다 낫다. 처음에 거미를 spider라고 썼다고 해서 다음에는 arachnid나 predaceous eight-legged creepy-crawly로 바꿔 써야 하는 건 아니다.

멋들어진 변화를 주려고 했지만 실패한 이런 시도를, 편집자들은 바나나를 바나나라고 부르지 못하는 '길고 노란 과일 증후군(Slender Yellow Fruit Syndrome)이라고 부른다. 다음 예문을 보면 무슨 뜻인지 알 수 있을 것이다. Freddie was offered an apple and a banana, and he chose the slender yellow fruit.

10. 모든 사건에 정확한 시간과 장소를 부여하라.

Mr. Big's administrative assistant got a raise by hinting that she'd found a candid photo of him and Natasha in a compromising

position in the file cabinet at bonus time.
서류 캐비닛 안에서 무슨 일이 있었던 걸까? 그리고 언제 벌어진 일일까? 두 사람의 행위가 상여금 지급 기간에 벌어졌을까, 아니면 보좌관이 Mr. Big에게 압력을 넣을 때가 상여금 지급 기간이었을까? 이 문장은 추가정보가 필요하다.

Mr. Big's administrative assistant got a raise by hinting at bonus time that she'd found a candid photo in the file cabinet of him and Natasha in a compromising position.

어디에 있는가? 무슨 일이 벌어지고 있는가? 언제인가? 독자에게 이런 질문들을 던지게 해서는 안 된다.

11. 생각의 순서를 정하라.

독자가 재배열해야 이해할 수 있는 혼잡한 문장을 만들지 말라. 문장은 논리적 순서에 따라 배열해야 한다. 이것은 시간 순서대로 배열하라는 의미가 아니라, 이해가 되도록 생각이 이어져야 한다는 의미이다. 앨런(Gracie Allen, 역주: 말 많기로 유명한 미국의 여성 코미디언)이 수플레 요리법에 대해 다음과 같이 말했다고 가정해 보자.

It is possible to make this soufflé with four eggs instead of eight. But it will collapse and possible even catch fire in the oven, leaving you with a flat, burned soufflé. Now, you wouldn't want that, would you? So if you have only four eggs, reduce all the other ingredients in the recipe by half.

생각을 다시 배열해 보자.

This soufflé recipe calls for eight eggs. If you want to use fewer, reduce the other ingredients accordingly. If the proportions aren't maintained, the soufflé could flatten or burn.

12. 내용을 상상하며 쓰라.

당신이 만들어낸 이미지들을 상상해 보라.
Uma bent over backward to impress her yoga teacher.처럼 엉뚱하게 웃기는 내용이 되지는 않았는가? 하나 더 보자. The bereaved family covered the mirrors as a reflection of its grief. 무엇이 잘못됐는지 모르겠다면 한 번 더 reflect해 보라.

또 다음 문장에서처럼 너무 많은 이미지들이 충돌하기도 한다. The remaining bone of contention is a thorn in his side and an albatross around his neck. 이 문장 속의 가엾은 남자를 좀 구해주자. 그리고 한 번에 한 가지 이미지만을 쓰도록 하자.

>> 이메일과 관련된 문제들

뜻밖의 얘기로 들릴지 모르겠지만, 이메일이나 온라인상의 글쓰기라고 해서 영어를 대충 써도 되는 건 아니다. 격식을 차리지 않는 글이라고 해도 제대로 이해할 수 있어야 한다는 말이다.
우리는 이메일이 빠르고 편해서 좋아하지만, 바로 그런 특징이 오해를 불러일으킬 수 있다. 따라서 다른 사람으로부터 명확한 이메일을 받기를 바라는 마음을 담아 이메일을 제대로 쓰도록 하자. 여기에 그 비법이 있다.

이메일 제목을 제대로 쓰라. 또한 제목이 스팸같이 보이지 않도록 조심하라!

요점을 말하라. 상대가 시간을 낭비하게 만들지 말라.

문법에 주의하라. 편지를 받는 상대가 문법과 철자법에 신경을 쓰는 사람이라면 당신도 신경을 써야 한다.

인터넷 용어는 자제하라. 이모티콘(emoticon)과 머리글자어(acronym)는 그것을 이해할 수 있고 받아들일 만한 상대에게만 쓰라.

대문자와 소문자를 구분하라. 전부 대문자로 쓰거나 전부 소문자로 쓰면 읽기 힘들다.

답장에는 무엇에 대한 답장인지를 쓰라. 답장을 받는 사람이 건망증이 있어서 기억하지 못할지도 모른다.

제대로 된 정보인지 확인하고 말하라. 인터넷은 잘못된 정보로 가득 차 있으니 그것을 더 퍼뜨리지 말도록 하자.

전송 버튼을 누르기 전에 다시 읽어보라. 당신이 저지른 실수를 보고 놀라게 될 것이다.

13. '나'로 도배하지 말라.

물론 우리는 당신에게 어떤 일이 있었는지 알고 싶다. 또한 당신이 무엇을 생각하고 느끼는지, 어떤 행동을 하고 어떤 말을 하는지도 궁금하다. 그러나 I나 me나 my를 남발하지 않고도 이야기를 할 수 있다. 이것은 특히 이메일에서 흔히 보이는 현상인데, 다음에 이메일이나 편지를 쓸 일이 생긴다면 I로 시작하는 문장을 세어 보라.

I think that, in **my** opinion, let **me** emphasize 같은 구절은 글을 쓸 때나 말을 할 때 빼버려도 전혀 손해볼 게 없다. 일화를 말하거나 조언을 하거나 의견을 표시할 때에도, 1인칭 대명사는 의외로 상당히 줄일 수 있다. 그렇다고 해서 우리가 당신에게 관심이 없다는 말은 아니다.

14. 큰 그림을 보라.

세세한 부분은 잠시 잊어도 좋다. 멀리 서서 당신이 쓴 글을 보라. 하고자 했던 말을 다 했는가? 잘못된 인상을 남기는 것이 사소한 문법 실수 몇 가지보다 훨씬 안 좋은 결과를 낳을 수 있다. 거시적 안목을 키우자.

하고 싶은 말을 다 했다는 전제하에, 그 말을 좀 더 자연스럽게 할 수 있는 방법은 없는지 고민해 보라. 누군가는 좋은 글에 담긴 문장들은 손에 손을 잡고 이어진다고 했다. 본인의 글을 그렇게 만들 수는 없는지 살펴보라. 군데군데 단어를 더하거나 빼서 글을 더 명확하게 만들 수도 있다. 혹은 두 문장의 순서를 바꾸거나 그 중 한 문장을 다르게 시작해보는 방법도 있다.

15. 매의 눈으로 글을 관찰하라.

당신의 글을 무난한 수준에서 예술적인 수준으로 쉽게 끌어올릴 방법은 없다. 하지만 날카로운 눈으로 글을 읽어보면 도움이 될 것이다. 다른 사람의 책이나 논문이나 편지나 메모 속의 구절 등을 읽다가 감탄했다면, 그 글을 다시 한 번 읽어보라. 왜 그 구절이 마음에 들었으며 저자는 어떻게 감탄을 자아냈는가? 거기에 쓰인 효과적인 방법을 찾았다면 그것을 슬쩍 빌려도 좋다. 언젠가는 다른 사람들이 당신으로부터 빌려가는 날이 올지도 모른다.

Glossary

*

축약어 abbreviation

Road를 Rd.로, Medical Doctor를 MD로, The United States of America를 USA로 쓰는 것과 같은, 단어나 구의 짧은 형태를 말한다. '마침표(period)' 항목도 참고하라.

형용사 adjective

명사를 설명하거나 묘사하는 단어. **pink** sweater처럼 명사 앞에 올 수도 있고, The sweater is **pink**.처럼 명사의 뒤에 올 수도 있다. 형용사는 명사에 의미를 더해 주므로 수식어라 불리고, 명사를 '수식한다'고 말한다.

부사 adverb

He grunted **lugubriously**.처럼 동사를 설명하거나 수식하는 단어. 또 He is **very** lugubrious.처럼 형용사를 수식하거나 He grunted **very** lugubriously.처럼 다른 부사를 수식하기도 한다. 부사는 다른 단어를 수식하므로 수식어라고 불린다.

아포스트로피 apostrophe

Albert's coat에서처럼 명사를 소유격으로 만들거나, dot all the i's 에서처럼 복수형을 만들거나, wouldn't 같은 단축형에서처럼 글자가 생략됐음을 보여주기 위해 쓰는 구두점.

관사 article

a, an, the의 세 관사는 사실 명사가 **the** chair나 **the** ottoman처럼 특정한 것을 가리키는지, **a** chair나 **an** ottoman처럼 일반적인 것을 가리키는지를 보여주는 작은 형용사다. the는 정관사라고 부르고 a나 an은 부정관사라고 부른다.

괄호 brackets

본문의 일부가 아닌, 인용되거나 발췌된 내용을 가두기 위해 사용하는 구두점. "The weight of the Empress of Blandings [1.2 tons] is a well-kept secret," said Lord Emsworth's pigman.

절 clause

독립된 주어와 동사를 가진 단어들의 집합. 간단한 문장이라면 절 하나로만 이루어질 수 있다. Ernest left for Paris. 좀 더 복잡한 문장에는 다음의 예와 같이 절이 여러 개 들어 있다. I learned / that Ernest left for Paris / when Scott told me. 독립절은 I put on a sock ...과 같이 자체로 뜻이 통하지만, 종속절은 ... that had no mate와 같이 자체로 뜻이 통하지 않는다.

상투어 cliché

이미 빛을 잃은 비유적 표현을 말한다. 당신이 상투어를 쓰고 있다면 애초에 싹을 잘라버려라.(이것도 상투어다.)

집합명사 collective noun

total이나 number처럼 사람이나 물체의 집합을 나타내는 명사. **The** number is staggering.처럼 단수 취급을 하기도 하고, **A** number of them have gone their separate ways.처럼 복수 취급을 하기도 한다.

콜론 colon

진술이나 일련의 항목, 인용문, 지시 등을 도입하기 위해 사용할 수 있는 구두점. 마치 당신을 멈춰 세우고 앞으로 전개될 교통상황에 대해 주의를 주는 교통경찰과도 같다.

콤마 comma

잠시 멈추라고 지시하는 구두점이다. 교통표지에 비유하자면 양보 표지로, 생각을 나눠 생각이 정체되는 것을 막는다. 문장 속의 절을 나누기 위해, 또는 목록 속의 항목들을 나누기 위해 쓸 수 있다.

조건절 conditional clause

if, as if, as though나 가정을 나타내는 그 밖의 문구로 시작하는 절이다. 조건절 속의 동사는 말하는 사람이 대상을 대하는 태도나 의도에 따라 다른 형태, 즉 '법(mood)'을 갖게 된다. If I **were** you 처럼 사실과 다른 말을 한다면 주절의 동사는 가정법 형태가 된다. If I **was** late처럼 가능성이 있는 상황을 가정한다면 동사는 직설법 형태로 쓰인다. 더 자세한 내용은 '동사(verb)' 항목을 참고하라.

접속사 conjunction

이어주는 단어다. 단어의 뒷부분 junction으로 이 용어의 뜻을 짐작할 수 있다. junction은 '결합'이나 '접속'이라는 뜻으로, 접속사는 단어나 구나 절이나 문장이 연결되는 지점에 있기 때문이다. and, but, or가 가장 흔한 접속사다. 접속사로 문장을 시작해도 좋지만, 남용하지는 말자.

자음 consonant

보통 '딱딱한' 소리가 나는 글자인 b, c, d, f, g, h, j , k, l, m, n, p, q, r, s, t, v, w, x, y, z를 말한다. 자음인 w나 y는 때때로 '부드럽고' 입이 열린 채 발음되는 모음의 역할을 하기도 한다. 그리고 g와 h를 비롯한 몇 가지 자음은 발음되지 않을 때도 있다.

단축형 contraction

주로 두 단어가 하나로 결합된 것으로, 결합되면서 생략된 글자 자리에는 아포스트로피가 들어간다. 가장 흔한 단축형은 동사와 not이 결합된 경우(do+not=**don't**)이며, 대명사와 동사가 결합된 경우(they+are=**they're**), 명사와 동사가 결합된 경우(Bob+is=**Bob's**)도 있다. Bob is의 축약형인 Bob's를 Bob's dog에서의 소유격 Bob's와 혼동하지 말자.

잘못 놓인 수식어 dangler

위치가 잘못되어 엉뚱한 단어를 수식하게 되는 단어나 구절. **After**

napping, the card table was set up.이라고 말한다면 도대체 누가 낮잠을 잤다는 것인가? 테이블이 잠을 잔 게 아니라면, 문장을 **After napping**, Oscar set up the card table.로 바꿔야 한다.

대시 dash

다른 생각을 삽입하기 위해 문장을 잠시 끊는 부호. 대시는 It was every mother's nightmare—ringworm.에서와 같이 콜론처럼 쓰이기도 한다. 혹은 The remedy was easy enough—a simple oral medication—but what would she tell the neighbors?에서와 같이 괄호처럼 쓰일 수도 있다.

사전 dictionary

단어들을 알파벳 순서대로 나열하고 그 단어들의 철자법, 발음, 뜻, 그리고 가끔은 어원을 알려주는 참고도서. alright와 같이 잘못된 단어가 실려 있기도 하다. 사전에 어떤 단어가 나온다고 해서 그 단어가 바른 단어라는 뜻은 아니다. 그러니 작은 활자로 인쇄된 부분까지 꼼꼼히 읽으라.

이중부정 double negative

부정의 뜻이 담긴 have not이나 is not 등을 다른 부정어와 함께 쓰면 이중부정이 된다. 부정적인 단어에는 대명사(nothing, nobody 등), 부사(hardly, never 등), 접속사(neither, nor 등), 부정적 접두사(in, un, non 등)가 들어간 단어 들이 있다. 이중부정이 절대 안 되는 것은 아니다. 그렇지만 다음의 예는 사용해서는 안 되는 것들이다. I have not seen nobody. It wasn't hardly worth it. He is not there neither. 반면에 다음 예들은 허용된다. It's not inconceivable. She's not unappealing.

줄임표 ellipsis points

인용문의 누락이나 생략을 의미하는 구두점. 3개의 점을 늘어놓으면 단어가 누락됐음을 의미한다. 아래의 예문에서는 욕설을 누락시킨 것이다. "Get off my lawn, and take your ... dog with you!" he shouted. 줄임표는 문장의 끝을 흐릴 때도 쓰일 수 있다. "Now let me think...." 줄임표를 문장의 맨 끝에 쓸 경우, 마침표까지 더해서 3개가 아닌 4개의 점이 된다는 사실을 명심하라. 만약 문장이 제대로 끝나지 않고 흐려졌다는 사실을 강조하고 싶다면, "But ..."처럼 한 칸을 띄운 후 3개의 점을 찍으면 된다.

느낌표 exclamation point

감탄의 표현 뒤에 오는 구두점. "I passed!" said Pippa. 느낌표는 정말 놀라운 일에 쓰기 위해 평소에는 아껴두는 것이 좋다.

비유적 figurative

상상력이 풍부하거나 평범하지 않은 방법으로 단어를 사용한다면 그 말은 비유적인 것이 된다. 그 과정에서 진실은 강조를 위해 과장되기도 한다. 문자 그대로 말하려면 Bob's dog is big and stocky.라고 할 수 있겠지만, 더 생생한 표현을 위해 Bob's dog is built like a refrigerator.라고 할 수 있는 것이다. '문자 그대로의(literal)' 항목도 참고하라.

비유적 표현 figure of speech

상상력이나 비유로 가득한 표현. She knows how to push his buttons. '비유적(figurative)' 항목을 참고하라. 비유적 표현이 한물가고 나면 진부한 표현이 되어 버린다. '상투어(cliché)' 항목도 보라.

동명사 gerund

bowling처럼 동사에 ing를 더해서 만들어진 단어로 명사와 같은 역할을 한다. **Bowling** is his first love. 똑같이 생긴 이 단어는 He's a **bowling** fool.처럼 형용사 역할을 할 수도 있고, He was **bowling**. 처럼 동사의 일부로 쓰여 분사가 될 수도 있다.

문법 grammar

단어를 나열하여 문장을 구성하기 위한 규칙 체계. 우리는 필요에 따라 규칙을 이용하고 필요하지 않으면 버리기 때문에, 시간이 지남에 따라 규칙도 변할 수 있다.

하이픈 hyphen

짧은 대시처럼 보이는 구두점. self-conscious와 같이 단어들을 합쳐 새로운 단어를 만들 때 사용하거나, 줄이 바뀌면서 긴 단어가 중간에서 끊어질 때 그 음절을 잇기 위해 사용한다.

명령형 imperative

말하는 사람이 명령이나 요청을 할 때 동사는 명령형이 된다. **Lose** twenty pounds, Jack. '법(mood)' 항목을 참고하라.

직설법 indicative

말을 하는 사람이 사실을 그대로 진술하거나 묻는 경우, 동사는 직설법 형태가 된다. Jack **lost** twenty pounds. '법(mood)' 항목을 참고하라.

부정사 infinitive

sneeze와 같이 가장 단순한 형태의 동사. to sneeze와 같은 표현에 쓰인 전치사 to는 부정사가 사용되고 있음을 보여주는 신호일 뿐 부정사의 일부는 아니다. 따라서 to loudly sneeze에서처럼 중간에 부사를 넣어도 부정사를 분리시키는 것이 아니기 때문에 괜찮다.

감탄사 interjection

감정의 갑작스런 표출을 보여주는 단어 혹은 단어들. My word! Help! Wow! Oh, damn!

의문문 interrogative

질문을 던지는 표현이라면 의문문이다. Got that?

자동사 intransitive

'동사(verb)' 항목을 보라.

이탤릭체 italic

*like this*나 *Holy cow!*처럼 옆으로 기울어진 글자체로 보통은 강조를 위해 쓰인다. 또 *The Wizard of Oz*처럼 책이나 영화, 연극 등 긴 작품의 제목에도 쓰인다. 그리고 책 속에 쓰이는 예문들처럼 뭔가를

확실하게 구분해 주기 위해서도 쓰인다. *Jerry Lee's performance was a homage to Moon Mullican*.

전문용어 jargon

말하는 사람을 마치 전문가처럼 보이게 하는 것으로 알려졌으나 사실은 떠버리들이 사용하는 아무 의미도 없고 전문적이지도 않은 언어. 전문용어의 장점은 아무 뜻도 없는 말을 하면서 모르는 것에 대해 토론할 수 있다는 것이다. 하지만 당신이 말하고 있는 것에 대해 잘 알고 있다 해도, 기술적인 전문용어들은 일반인들에게는 혼란을 일으킬 수 있다. Jargon이라는 말은 '지껄임' 혹은 '재잘댐'이라는 뜻의 고어에서 나왔다.

문자 그대로의 literal

'비유적'과 반대되는 것으로, '있는 그대로' 혹은 '쓰인 그대로'를 의미한다. 따라서 literally라는 부사를 다음 예문처럼 비유적으로 쓰지 말라. The boss **literally** had kittens. '비유적(figurative)' 항목도 참고하라.

은유 metaphor

가장 흔히 쓰이는 비유적 표현. 은유는 특정 대상에 흔히 쓰이는 표현을 다른 대상에 적용하는 것이다. His stomach began to growl. The moon was a silver coin upon the water.

법 mood

동사에는 말하는 사람의 태도가 담겨 있다. 동사는 '법(mood)'이나

'태(mode)'라고 하는 다양한 형태를 취하는데, 그것은 어떤 대상에 대한 화자의 태도를 보여준다. 영어에는 세 가지 법이 있다. 평범한 진술 또는 사실관계를 묻는 질문인 경우, 동사는 He **is** on my foot. 에서처럼 직설법으로 쓰인다. 소망을 표현하거나 사실과 다른 내용의 if절이 들어간 문장이라면, 동사는 I wish he **were** not on my foot. 이나 If he **were** not on my foot, I could go.에서처럼 가정법으로 쓰인다. 말하는 내용이 명령이나 요청이라면 동사는 **Get** off my foot!에서처럼 명령법으로 쓰이고, 생략된 주어는 '당신(you)'으로 본다.

명사 noun

사람, 장소, 물체, 혹은 개념을 나타내는 단어. city, girl, religion 등의 보통명사는 소문자로 시작하지만 Memphis, Molly, Methodist 등의 고유명사는 대문자로 시작한다.

목적어 object

동작의 대상이 되는 명사나 대명사. 예를 들면, 목적어는 당신이 주는 무엇이거나, 당신이 주는 것을 받는 무엇이다. 간접목적어는 어떤 행동이 귀결되는 사물이나 사람이며, 직접목적어는 그 간접목적어에게 전해지는 사물이나 사람이다. Harry gave **me** [간접목적어] the **flu**[직접목적어]. 공던지기 놀이를 생각하면 쉽다. 우리는 직접목적어를 간접목적어에게 던지는 것이다.
또한, 전치사 뒤의 명사나 대명사도 목적어이다. Harry gave the flu to **me**.와 He is from **Chicago**.라는 예문에서는 to와 from이

전치사이며, me와 Chicago가 목적어다.

괄호 parentheses

본문에서 벗어난 내용을 넣어 두기 위해 쓰이는 구두점. 괄호 안에는 단어들이 들어갈 수도 있고 하나의 문장 전체가 들어갈 수도 있다.

품사 parts of speech

명사, 대명사, 형용사, 동사, 부사, 전치사, 접속사, 감탄사까지 모두 여덟 가지 품사가 있다. 다음 문장은 그 여덟 가지 품사가 모두 포함되어 있다. But(접속사) gosh(감탄사), you(대명사) are(동사) really(부사) in(전치사) terrible(형용사) trouble(명사)!

마침표 period

마침표는 정지 표지와 같다. 서술하는 내용이 끝났다는 것을 나타낸다. 마침표는 또한 축약어에도 사용되어, street를 St.로, doctor를 Dr.로, post meridiem를 p.m.으로 쓸 수 있다. 그렇지만 많은 축약어에서 마침표가 사라졌으니 반드시 사전을 참고하라.

구 phrase

glorious sunset, in the meantime, to spill the beans, gently swinging in the breeze 등과 같이, 자체의 주어와 동사가 없이 연관된 단어들의 집합이다. 주어와 동사가 있는 단어들의 집합은 절이라고 한다.

복수 plural

둘 이상의 수. 하나만 있다면 단수다. 단수인 berry의 복수가 berries 이듯, 일반적으로 복수명사는 단수명사와 어미가 다르다.

소유격 possessive

소유를 나타낸다. 대부분의 명사는 **Alice's** cousin과 같이 단어의 끝에 's를 더하면 소유격이 된다. 또 a cousin **of Alice**와 같이 전치사 of를 더해도 소유격이 된다. 이중 소유격은 a cousin **of Alice's**와 같이 두 가지 방법을 다 쓰는 것이다.

전치사 preposition

단어들을 다른 단어와의 관계 속에 위치시키거나 자리를 잡아주는 단어. preposition의 어원은 '앞에 위치하다'라는 의미인데, 전치사가 주로 명사나 대명사의 앞에 나오기 때문에 아주 적절한 의미이다. My cousin is **from** Philly. 그러나 전치사는 사실 문장의 맨 끝에 올 수도 있다. 우리가 가장 흔히 쓰는 전치사로는 about, above, across, after, against, ahead of, along, among, around, as, at, away from, before, behind, below, beneath, beside, between, but('~을 제외하고'라는 뜻일 경우), by, down, except, for, from, in, in back of, in front of, inside, into, like, of, off, on, onto, out, out of, outside, over, past, since, through, throughout, to, toward, under, until, up, upon, with, within, without 등이 있다. 이 중 어떤 단어들은 부사나 접속사 등의 다른 품사로도 쓰일 수 있다.

대명사 pronoun

명사 대신에 쓰일 수 있는 단어. 대명사는 다음과 같이 분류된다.

> 인칭대명사는 주어(I, you, he, she, it, we, they)나 목적어(me, you, him, her, it, us, them), 소유격(my, mine, your, yours, his, her, hers, its, our, ours, their, theirs)이 될 수 있다. 이 가운데 my, your, his, her, its, our, their 등은 명사를 수식하므로 소유형용사(possessive adjective)라고도 한다.

> 재귀대명사는 self나 selves로 끝나며 자기 자신을 가리킨다. myself, yourself, himself, herself, itself, ourselves, yourselves, themselves 등이 있다. 재귀대명사는 She **herself** is Hungarian. 에서처럼 강조를 하거나, He blames **himself**.에서처럼 주어를 지칭하기 위해 사용된다.

> 지시대명사는 무엇인가를 가리키는 대명사다. this, that, these, those가 있다. Hold **this**.에서처럼 단독으로 쓰이거나 Who is **this** guy?에서처럼 명사를 수식하는 형용사로 쓰일 수 있다.

> 부정대명사는 애매하거나 알려지지 않은 사람이나 사물을 가리킨다. all, another, any, anybody, anyone, anything, both, each, either, every, everybody, everyone, everything, few, many, much, neither, no one, nobody, none, one, other, several, some, somebody, someone, something, such 등이 있다. **All** is lost.처럼 쓰이며, 이 중 일부는 형용사로 쓰일 수도 있다.

> 의문대명사는 질문을 하기 위해 사용된다. what, which, who,

whom, whose 등이 있으며, **Who's** on first?처럼 쓰인다.

> 관계대명사는 종속절을 이끈다. that, what, whatever, which, whichever, who, whoever, whom, whomever, whose 등이 있고, He's the guy **who** stole my heart.처럼 쓴다.

구두점 punctuation

말의 흐름을 지시해 주는 글 속의 부호와 표지들. 구두점은 멈춤과 시작, 감속, 우회 등을 지시하는 표지판 역할을 한다. 우리가 잘 아는 구두점으로는 마침표, 콤마, 콜론, 세미콜론, 물음표, 느낌표, 아포스트로피, 대시, 하이픈, 괄호, 줄임표, 따옴표 등이 있다.

물음표 question mark

물음 뒤에 오는 구두점이다.

따옴표 quotation mark

누군가가 말한 내용이나 인용된 내용을 둘러싸는 구두점이다.

세미콜론 semicolon

마침표보다는 덜 확정적인 정지 표지다. 마치 깜빡이는 경고등과 같아서 잠시 멈췄다가 가라는 뜻이다. 주로 문장 안에 포함된 절들 사이나 나열된 항목들 사이에서 찾아볼 수 있다.

문장 sentence

완전한 생각을 표현하는 단어 혹은 단어들의 집합. 글쓰기에서 문장은 대문자로 시작하며 마침표나 물음표, 느낌표 등의 구두점으로 끝난다. 대부분의 문장에는 주어와 동사가 있지만, 다 그런 것은 아니다. 동작을 요구하는 명령문의 경우는 Run!처럼 동사만 있을 수도 있다. 질문을 하는 의문문 역시 How?처럼 한 단어만으로 구성될 수 있다. 감정을 표현하는 감탄문도 Good heavens!처럼 하나의 구나 하나의 단어로 이루어질 수 있다. 가장 흔한 문장인 평서문은 정보를 전달하며, 일반적으로 주어, 동사, 목적어의 요소가 그 순서대로 쓰인다. He ate my fries.

치찰음 sibilant

쉬쉬거리는 소리를 내는 s, z, sh, zh, ch, j와 같은 자음을 말한다. 치찰음으로 끝나는 명사는 특수한 형태의 복수형이나 소유격을 취하기도 한다.

단수 singular

명사가 하나만 있는 경우다. 둘 이상 있다면 복수가 된다. 명사나 동사가 한 사람, 하나의 장소, 하나의 물건에 해당된다면 단수이다.

지나치게 격식을 차리는 사람 stuffed shirt

전문용어를 사용하는 경향이 있는 사람. 떠버리(windbag)와 유사하다. '전문용어(jargon)' 항목을 참고하라.

주어 subject

동작을 개시하는 것, 다시 말해 어떤 일을 행하는 사람이나 사물. 주어는 Harry와 같은 명사이거나 I와 같은 대명사, Harry and I와 같은 구일 수 있다. Good old **Harry and I** have fallen arches.라는 예문을 보자. Good old Harry and I와 같이 모든 수식어들을 포함하고 있는 주어는 완전한 주어이고, Harry and I와 같이 가장 기본적인 요소만 남은 주어는 간단한 주어 혹은 기본적 주어이다.

가정법 subjunctive

의도가 표현될 때 동사는 가정법 동사가 된다. '법(mood)' 항목도 참고하라.

> 소망을 나타낼 때(I wish Jack **were** here).
> 사실과 반대되는 가정적 진술일 때(If Jack **were** here...).
> 요구나 제안을 할 때(We insist that Jack **be** here).

음절 syllable

하나의 단위로 발음되는 단어의 일부분. syllable이라는 단어에는 세 개의 음절이 있고 SIL-la-bul로 발음한다. word라는 단어는 하나의 음절로 되어 있다.

시제 tense

동사가 시간을 알려주기 위해 사용하는 것이다. 현재, 과거, 미래가 기본 시제이며, 그것들의 변형을 통해 동작이 일어나는지, 일어났는지, 일어날 것인지 등을 보여준다. 우리는 항상 동사를 통해 시간을 말하는데, 동사 안에는 '언제'라는 요소가 들어 있기 때문이다. 흔히 사용되는 동사의 시제에 대한 예는 '동사(verb)' 항목을 보라.

타동사 transitive

'동사(verb)' 항목을 참고하라.

동사 verb

동작을 나타내는 단어다. 동사는 She **sells** seashells.에서처럼 문장 속에서 어떤 일이 일어나는지를 보여준다. 동사가 Henry **raises** dahlias.처럼 목적어가 있어야 의미가 통한다면 타동사이고, Flowers **die**.처럼 목적어가 없어도 의미가 통한다면 자동사이다. '법(mood)'과 '시제(tense)' 항목도 참고하라.

흔히 쓰이는 동사인 eat가 일인칭 단수 I와 함께 어떻게 쓰이는지 살펴보자.

	단순	진행	완료
현재	I eat	I am eating	I have eaten
과거	I ate	I was eating	I had eaten
미래	I will eat	I will be eating	I will have eaten
조건	I would eat	I would be eating	I would have eaten

모음 vowel

입을 열고 발음하는 부드러운 소리가 나는 글자로 a, e, i, o, u가 있다. university나 Europe에서처럼 u와 eu는 가끔 '딱딱한' 소리가 나는 자음처럼 발음되기도 한다.

Bibliography

*

Here are some books you may find helpful, including many that I turn to again and again. (A dictionary isn't optional, though. It's required.)

The Careful Writer: A Modern Guide to English Usage. Theodore M. Bernstein. New York: The Free Press, 1995.

The Chambers Dictionary of Etymology. Edited by Robbert K.Barnhart. New York: Chambers, 2006.

The Chicago Manual of Style. 15th ed. Chicago: University of Chicago Press, 2003.

A Dictionary of Contemporary American Usage. Bergen Evans and Cornelia Evans. New York: Random House, 1957.

A Dictionary of Modern English Usage. H. W. Fowler. 2nd ed., revised by Ernest Gowers. New York: Oxford University Press, 1983. Also, the third edition: The New Fowler's Modern English Usage. Edited by R. W. Buchfield. Oxford, England: Clarendon Press, 1996.

The Elements of Style. William Strunk, Jr., and E. B White. 4th ed. New York: Longman, 2000.

Essentials of English Grammar. Otto Jespersen. Tuscaloosa: University of Alabama Press, 1964.

Garner's Modern American Usage. Bryan A. Garner. New York: Oxford University Press, 2003.

Harper's English Grammar. John B. Opdycke. Revised ed. New York: Warner Books, 1991.

Merrian-Webster's Dictionary of English Usage. Springfield, MA: Merriam-Webster, 1994.

Modern American Usage: A Guide. Wilson Follet. Edited and completed by Jacques Barzun et al. New York: Hill&Wang, 1966.

The New York Public Library Writer's Guide to Style and Usage. Edited by Andrea J.Sutcliffe. New York: HarperCollins, 1994.

The Origins and Development of the English Language. Thomas Pyles and John Algeo. 4th ed. Fort Worth: Harcourt Brace Jovanovich, 1993.

Plain Words: Their ABC. Ernest Gowers. New York: Knopf, 1954.

Simple & Direct: A Rhetoric for Writers. Jacques Barzun. Revised ed. Chicago: University of Chicago Press, 1994.

Style: Toward Clarity and Grace. Joseph M. Williams. Chicago: University of Chicago Press, 1995.

Words into Type. Marjorie E. Skillin, Robert M. Gay, et al. 3rd ed. Englewood Cliffs, NJ: Prentice-Hall, 1974.

DICTIONARIES

The American Heritage Dictionary of the English Language. 4th ed. Boston: Houghton Mifflin, 2000.

Merriam-Webster's Collegiate Dictionary. 1th ed. Springfield, MA: Merriam-Webster, 2007.

Oxford English Dictionary Online. Oxford University Press.

Webster's New World College Dictionary. 4th ed. New York: John Wiley & Sons/ Webster's New World, 2004.

index

*

B

D

E

F

G

H

I

J

K

L

M

N

O

P

Q

T

U

Y

better writing

초판 1쇄 발행 2014년 2월 3일
초판 2쇄 발행 2019년 1월 25일

지은이 Patricia T. O'Conner **옮긴이** 이지예
발행인 이재진 **단행본사업본부장** 김정현
편집주간 신동해
편집진행 h.art **교정교열** 한진영
디자인 구수연 **조판** design B03
마케팅 이현은 최혜진 **홍보** 박현아 최새롬
국제업무 최아림 박나리 **제작** 류정옥

브랜드 뉴런
주소 경기도 파주시 회동길 20
주문전화 02-3670-1595 **팩스** 031-949-0817
문의전화 031-956-7352(편집) 031-956-7567(마케팅)
홈페이지 www.wjbooks.co.kr
페이스북 www.facebook.com/wjbook
포스트 post.naver.com/wj_booking

발행처 ㈜웅진씽크빅
출판신고 1980년 3월 29일 제406-2007-000046호

ISBN 978-89-01-16215-7 13740

뉴런은 ㈜웅진씽크빅 단행본사업본부의 브랜드입니다.